España

¡Hola!

¡VAMOS!

Hispanoamérica

¡Muy bien!

¡Muy bien!
Curso de español
Segunda edición

Juan Carlos Moyano López
Carlos García Ruiz-Castillo
Yoshimi Hiroyasu

2

Editorial ASAHI

PAÍSES
HISPANOHABLANTES

ISLAS CANARIAS

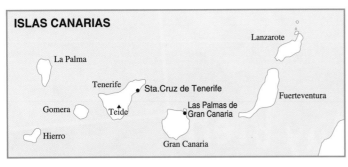

La Palma

Lanzarote

Tenerife
Sta.Cruz de Tenerife

Gomera
Teide

Las Palmas de
Gran Canaria

Fuerteventura

Hierro

Gran Canaria

ESPAÑA

Mar Cantábrico

FRANCIA

La Coruña
Gijón
Santander
Guernica
San Sebastián

Santiago
de Compostela
Oviedo
Bilbao
ANDORRA

C.Finisterre
ASTURIAS
CANTABRIA
PAÍS VASCO
Pamplona

GALICIA
Lugo
Vitoria
NAVARRA
Jaca

Pontevedra
León
Burgos
Logroño
Huesca
Figueras

Vigo
Orense
Astorga
Palencia
LA RIOJA
Zaragoza
Gerona

Miño
CASTILLA-LEÓN
Soria
CATALUÑA
Costa Brava

Zamora
Duero
Lérida
Barcelona

Oporto
Valladolid
ARAGÓN
Tarragona

Douro
Medina del Campo
Tortosa

Salamanca
Segovia

Coimbra
Ávila
Guadalajara
Teruel
Menorca

Mallorca

PORTUGAL
MADRID
Alcalá de Henares
Castellón de la Plana
Palma

C.da Roca
MADRID
Cuenca

Talavera de la Reina
Aranjuez
VALENCIA
Ibiza
ISLAS BALEARES

LISBOA
Tajo
Toledo
Valencia

Tejo
CASTILLA-LA MANCHA
Júcar

Cáceres
Formentera

EXTREMADURA
Alcázar de San Juan
Albacete

Évora
Mérida
Ciudad Real

Guadiana
Segura

Alicante

Elche
Costa Blanca

Murcia

Córdoba
Guadalquivir
MURCIA
Mar Mediterráneo

Jaén
Cartagena

Huelva
ANDALUCÍA
Granada

Sevilla
Mulhacén
Almería

Málaga

Cádiz
Costa del Sol

Algeciras
Gibraltar

Estrecho de Gibraltar
Ceuta

Océano Atlántico
ARGELIA

Melilla

MARRUECOS

Tijuana
Mexicali
ESTA

Ciudad Juárez
Río Grande

Chihuahua

P.de la Baja California

Mont

MÉX

Ciuda
de M

Guadalajara

Popo

Acapulco

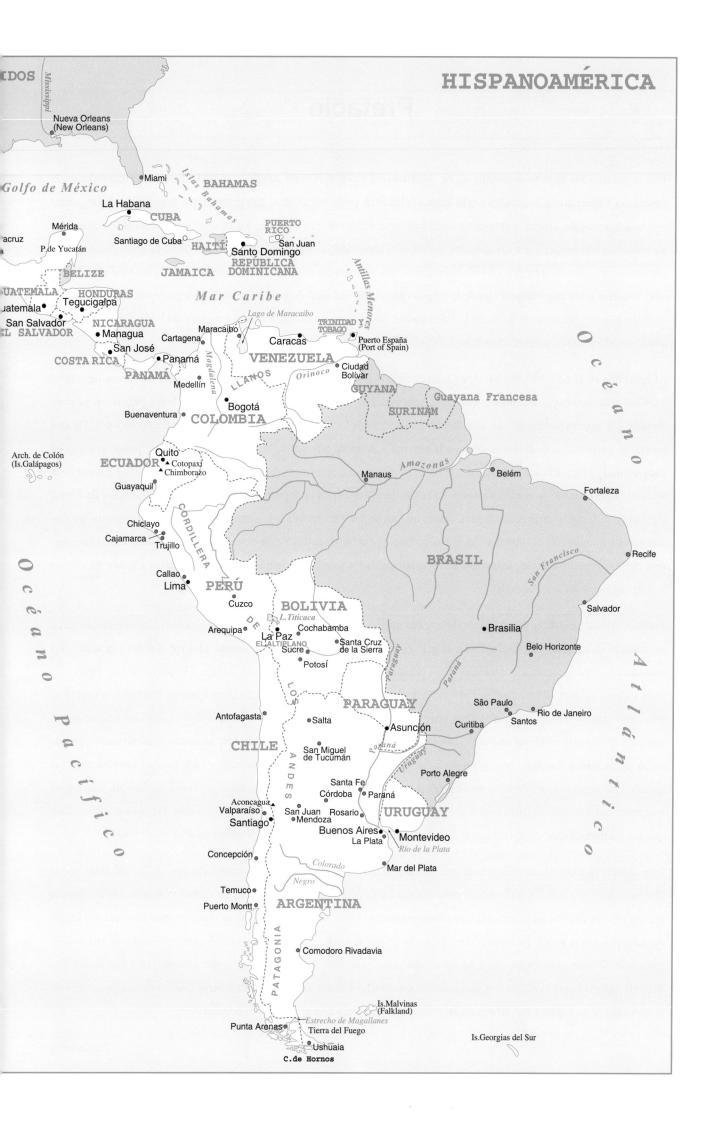

Prefacio

Tras la publicación de la primera edición de ¡Muy bien! 2 y por el tiempo que lleva empleándose como manual para la enseñanza y aprendizaje de español como lengua extranjera, podemos afirmar con gratitud que es un manual que cuenta con una aceptación amplia y favorable en el contexto universitario japonés. En este tiempo, numerosos colegas y alumnos nos han hecho llegar sus comentarios sobre el libro. Gracias a estas opiniones, consideramos que los contenidos y actividades propuestos en ¡Muy bien! 2 son útiles para alcanzar los objetivos que deseábamos: ayudar a los estudiantes a ser usuarios eficaces y competentes de la lengua con un manual fácil de usar para alumnos y profesores. Por otro lado, también nos han transmitido la necesidad de mejorar, simplificar y actualizar algunos puntos del libro. Con la voluntad de satisfacer ese deseo, presentamos la segunda edición de ¡Muy bien! 2.

Al igual que en la edición anterior, ¡Muy bien! 2 se divide en doce unidades dedicadas a ámbitos temáticos de interés para los estudiantes y relacionados con su propia realidad. La estructura interna de las unidades permite una clara división y al mismo tiempo un uso más flexible en función de los objetivos y de los docentes que trabajen con él. De esta forma, en cursos anuales de dos sesiones a la semana a cargo de diferentes docentes, por ejemplo, se puede avanzar en cada unidad de forma lineal y conjunta, o bien un profesor puede centrarse en los contenidos gramaticales y léxicos de la sección "Aprendemos" y el otro profesor en la sección "Acción en contexto" para practicar los contenidos de forma significativa y contextualizada. Y para clases que se imparten una vez a la semana se puede elegir una de las dos secciones dependiendo del objetivo del curso, puesto que el libro también está diseñado para funcionar utilizando solo uno de los apartados. La organización de las doce unidades permite, además, que este manual sea usado en cursos anuales, semestrales o trimestrales.

En cada unidad se indican los objetivos de manera que los estudiantes puedan tener una idea muy clara de lo que van a ser capaces de hacer al terminarla. Desde el primer momento de cada unidad se anima a los estudiantes a la acción y a reflexionar sobre los nuevos contenidos. Los contenidos funcionales, gramaticales y léxicos se presentan en espiral, de forma que a lo largo del manual se vaya retomando y ampliando lo estudiado anteriormente. Intentamos practicar sistemáticamente las diferentes destrezas, para lo cual incluimos actividades de variada tipología y con una exquisita atención al contexto en el que aparecen. Los contenidos socioculturales del mundo hispano están presentes a lo largo de todas las unidades. También hemos prestado atención a las estrategias de aprendizaje y cada unidad termina con una sección que servirá de ayuda a los estudiantes para comprobar si han alcanzado los objetivos de la unidad. Los vídeos muestran nuevos caminos para explorar la lengua y las propias capacidades de los estudiantes. Estos elementos hacen que sea un manual muy completo con el que esperamos que nuestros alumnos aprendan español ¡Muy bien! 2

Este manual es fruto de un trabajo conjunto. Hemos usado para este volumen el atractivo diseño de las unidades que la diseñadora gráfica Naho Kozukue creó para el anterior. El profesor Txabi Alastruey ha editado y producido los nuevos vídeos de alta calidad que dan vida a los contenidos del libro. Queremos expresar también nuestro más profundo agradecimiento al señor Toshiyuki Yamada, de la editorial Asahi, por su confianza en este proyecto y su inagotable paciencia. Deseamos extender nuestros agradecimientos también a todos los profesores y alumnos que han usado este manual y que nos han ayudado con sus comentarios. Gracias a todos ellos, y a muchos otros que continúan su camino en el aprendizaje del español con este manual, ¡Muy bien! 2 ha llegado a esta segunda edición.

Los autores

はじめに
（第2版刊行にあたり）

　¡Muy bien！2の初版が出版され、外国語としてのスペイン語教育・学習の教科書として使用されるようになってから数年がたちましたが、日本の大学では広く好意的に受け入れていただくことができました。またこの間、多くの同僚や学生が本書へのコメントを寄せてくださいました。皆さんのこのようなご意見のおかげで、¡Muy bien！2の内容やアクティビティは、私たちが達成したかった目標、すなわち、学生にとっても教師にとっても使いやすい教科書で、学生がスペイン語を効果的に使いこなせる能力の獲得を助けるという目標を達成するのに役立っていると感じています。その一方で、先生方や生徒の皆さんかのご意見から、本書には、いくつかの改善、簡素化また情報の最新化をすべきところがあることもわかりました。このようなご要望にお応えするため、ここに¡Muy bien！2第2版をお届けすることになりました。

　初版同様、¡Muy bien! 2第2版は12課で構成されていて、それぞれの課では学生にとって興味が持てる、学生の現状に即したテーマを扱っています。課の構成はスペイン語学習の目的や授業をしている教員の実情に合わせて、分けて使うことも、弾力的な活用をすることも可能になっています。例えば通年の週2回の授業で2人の教員が担当する場合、本を順番にリレー方式で進めることもできますし、1人の教員がAprendemosを扱って文法と語彙中心の授業をし、もう1人が意味のある場面設定をしながら練習するAcción en contextoを扱うという分担もできます。1週間に1回の授業の場合は、そのクラスの目的によってどちらか1つのセクションを使うということも可能です。この本はそういった利用もできるように工夫されています。また12課構成なので、通年、セメスター制、クオーター制のいずれにも対応したものになっています。

　それぞれの課には、この課を学習し終えたらできるようになるべきことが分かり易く示されています。すべての課では学習者が一番最初から、積極的に言葉を使い、新しい内容について考えるようにすることが勧められています。機能的、文法的、語彙的な内容はらせん式に提示されていて、1つの内容は本全体を通じて何度も繰り返し扱われ、常に前に学んだ内容を復習しながら広げていくという学び方ができるようになっています。そして「聞く、話す、読む、書く」の4技能を系統的に習得できるようにするため、様々な種類のアクティビティが、その言葉が使われる場面を常に考えながら注意深く作られています。さらにスペイン語圏の国々の社会文化的内容がすべての課において扱われています。また学習ストラテジーの習得にも細心の注意が払われ、各課の最後では、目標を達成したかどうかを学生自身で確かめることができるようになっています。ビデオは言語と学習者が自分自身の能力を探求していくための新しい道を示します。これらのものすべてが一体となった¡Muy bien! 2は、スペイン語を学んで、本当に「いいね！」と言えるような総合的な教科書になっているのです。

　最後になりましたが、この本は多くの人の惜しみないご協力のおかげで形になることができました。グラフィックデザイナーの小机菜穂氏の魅力的な各課のデザインはこの巻でも引き続き利用しました。Txabi Alastruey先生は新たに質の高いビデオを制作・編集し、本に命を吹き込んで下さいました。そしてこのプロジェクトを信頼し、誰よりも忍耐強く見守って下さった朝日出版社の山田敏之氏には最も深い感謝の意を表したいと思います。教科書を使いご意見をお寄せくださって、よりよい教科書にするためにご協力下さったすべての先生方や学生諸君、本当にありがとうございました。こういった皆様やこの教科書を使ってスペイン語を学んでいる他の多くの方々のおかげで、¡Muy bien! 2第2版をここにお届けする次第です。

著者

目次　Contenidos

¡Muy bien! 2の使い方　Cómo aprender con ¡Muy bien! 2

1. 本の構成　Estructura de las unidades

このページには、各課の目標が書いてあります。この課で何をどのように学習していくかをまずしっかりと把握することが大切です。ビデオを見たり音声を聞いたりして、新しく学ぶ内容のいくつかの例を見てみましょう。そしてこの課で学んでいく内容を考えながら、実際にスペイン語を使ってみましょう。

En esta sección encontrarás los objetivos de la unidad. Te servirán para tener una idea clara de lo que aprendemos y para controlar tu estudio. Un vídeo y un audio te mostrarán algunos ejemplos de los nuevos contenidos. Anímate a hacer predicciones y a usar la lengua en la última actividad.

APRENDEMOS

Aprendemosには、必要な語彙と文法が提示されていて、目標を達成するためにそれらをどのように使えばいいかが示されています。クラスメートといっしょに練習、会話、考察しながら、どんな規則で言葉が使われているのか考えてみましょう。新出事項を既習事項と結び付けながら学んでいきます。間違いを恐れずに話し、実際に言葉を使ってみることが何よりも重要です。学ぶ量は練習量に比例します。

Aquí se presentan el vocabulario y la gramática de la unidad y cómo puedes usarlos para alcanzar los objetivos. Practica con tus compañeros, interactúa, reflexiona y deduce las reglas. Relaciona los nuevos contenidos con cosas que ya sabes. Anímate a hablar y actuar y no tengas miedo a los errores; cuanto más practiques, más aprenderás.

ACCIÓN EN CONTEXTO

外国語学習では常に学んでいる言葉が実際に使われる場面を考えることがとても重要です。Acción en contextoのインタラクション、理解、表現などアクティビティでは、スペイン語を通じてスペインとイスパノアメリカ諸国の文化や社会に触れることができます。各課最後のビデオは学習事項について考察し、新しい表現手段を探していく助けとなるでしょう。学んだ表現を練習し、持っている知識はすべて生かし、そして新しい表現の意味や用法を想像して、スペイン語社会とスペイン語を使ってコミュニケーションをとることを学んでいきましょう。あなたの世界は課を追うごとにどんどん広がり、スペイン語力も上がっていきます。学ぶ量は練習量に比例します。

Es muy importante tener en cuenta siempre el contexto en el que usamos la lengua. Las actividades que encontrarás aquí, de interacción, de comprensión y de expresión, te pondrán en contacto, con la cultura y la sociedad de España y de los países hispanoamericanos. Una actividad y un vídeo finales te ayudarán a reflexionar y a explorar nuevas formas de expresarte. Practica los nuevos contenidos, usa los recursos que ya conoces, imagina el significado y el uso de las nuevas expresiones y aprende a comunicarte en español con el mundo hispano. Tu mundo y tu capacidad con el español se ampliarán en cada unidad.

この課の目標を達成しましたか。最初のページに示してあることができるようになりましたか。このページでそれを確認し、学んだことについて考察しましょう。ノートを使って学んだことを整理していってください。学期を通して何度も何度も前のページに戻り復習するとともに、次の課に結び付けていくことが大切です。

¿Has alcanzando los objetivos de la unidad? ¿Puedes hacer lo que te proponíamos en la primera sección? Compruébalo en esta página y reflexiona sobre lo aprendido. Usa tu cuaderno para controlar tu aprendizaje. Durante el curso, vuelve todas las veces que necesites sobre las páginas de la unidad para repasar y poder usar lo que has estudiado en las siguientes unidades.

2. 文構成図　Esquemas gramaticales

Aprendemosのページで使われている文構成図は、文の構成を理解するために役に立ちます。これらの図を使って作られる文の例は原則として図の上部に示してあります。

Estos esquemas de la sección "Aprendemos" te ayudarán a asimilar la estructura de las frases. En la parte superior tienes un ejemplo de la frase completa. En la parte inferior tienes la estructura.

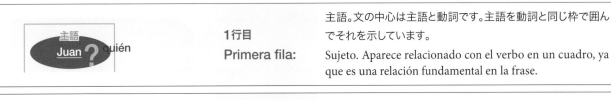	1行目 Primera fila:	主語。文の中心は主語と動詞です。主語を動詞と同じ枠で囲んでそれを示しています。 Sujeto. Aparece relacionado con el verbo en un cuadro, ya que es una relación fundamental en la frase.
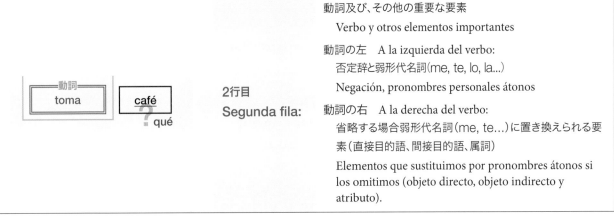	2行目 Segunda fila:	動詞及び、その他の重要な要素 　Verbo y otros elementos importantes 動詞の左　A la izquierda del verbo: 　否定辞と弱形代名詞(me, te, lo, la...) 　Negación, pronombres personales átonos 動詞の右　A la derecha del verbo: 　省略する場合弱形代名詞(me, te...)に置き換えられる要素(直接目的語、間接目的語、属詞) 　Elementos que sustituimos por pronombres átonos si los omitimos (objeto directo, objeto indirecto y atributo).
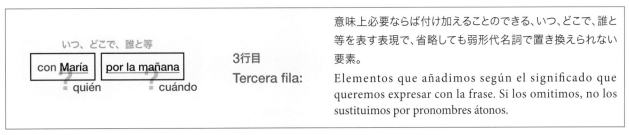	3行目 Tercera fila:	意味上必要ならば付け加えることのできる、いつ、どこで、誰と等を表す表現で、省略しても弱形代名詞で置き換えられない要素。 Elementos que añadimos según el significado que queremos expresar con la frase. Si los omitimos, no los sustituimos por pronombres átonos.

図は語順を示すものではありませんが、文の中で最も大切な主語と動詞と他の要素の関係を視覚的に捉えることができるようになっています。またそれぞれの枠に入った要素について疑問詞を使って聞くための文の構成も示してあります。

El esquema no muestra el orden de las palabras, pero sí indica claramente lo esencial de una frase, que es la relación entre el sujeto, el verbo y los otros elementos. Estos esquemas también te darán pistas sobre cómo formar preguntas relativas a cada elemento.

3. 凡例　Iconos

¡Muy bien! 2 には、さまざまな種類のアクティビティが用意されています。アイコンでそれぞれのアクティビティの種類を知ることができます。

¡Muy bien! 2 tiene diferentes tipos de actividades. Los iconos te ayudarán a saber qué hay que hacer en cada caso.

	ペアで行うアクティビティです。 Realiza estas actividades en parejas.
	3人以上のグループで行うアクティビティです。 Realiza estas actividades en grupos de tres o más compañeros.
	全員立って、クラス内を歩き、いろいろな相手と会話しましょう。 Muévete por la clase y habla con diferentes compañeros.
	音声。PCやスマホを使って指定のサイトで聞くことができます。 Actividades con audio. Puedes escuchar las grabaciones con tu ordenador o móvil.
	ビデオ。PCやスマホを使って指定のサイトで見ることができます。 Actividades con vídeo. Puedes ver los vídeos con tu ordenador o móvil.
	アクティビティに関連した重要事項 Información importante relacionada con la actividad.
	アクティビティをするために必要な補足情報 Información de referencia para resolver la actividad.

4. ¡Muy bien! 2の音声とビデオ　Audios y vídeos de ¡Muy bien! 2

本書の音声とビデオは以下のサイトにあります。

Los audios y vídeos de ¡Muy bien! están disponibles en internet en la siguiente dirección:

https://text.asahipress.com/text-web/spanish/muybien2/index.html

音声とビデオはできるだけ何回も視聴するようにしましょう。電車、家、授業前等の隙間時間も活用するとよいでしょう。スペイン語の実力向上に大きく役に立ちます。ぜひ活用しましょう。

Te animamos a escuchar los audios y ver los vídeos todas las veces que puedas (en el tren, en tu casa, antes de la clase, etc.). Te ayudarán a mejorar mucho tu español. ¡Pruébalo!

Un nuevo curso

この課の目標　Seré capaz de:

● 自己紹介できる。クラスメートについて知る。Presentarme y conocer a mis compañeros.

● スペイン語学習への興味、目的、学習方法について話すことができる。Hablar de intereses, objetivos y formas de estudiar español.

● 前学期に行ったことについて話すことができる。Hablar del curso pasado.

A 📹 🔢 🔊 2人の学生の自己紹介です。ビデオを見て読みましょう。Dos estudiantes se presentan. Mira el vídeo y lee.

1.

1. ¡Hola! Yo soy Hiro. Estudio Literatura Inglesa en una universidad japonesa. También hablo un poco de español. ¡Me gusta mucho el fútbol español!

2. ¡Hola! Me llamo Paula. Estudio en la Universidad de Chile y vivo con dos amigas italianas. También tengo un amigo japonés. ¡Quiero viajar a Japón y visitar Kioto!

2.

B 例のように間違いを直しましょう。Corrige estas informaciones como en el ejemplo.

例）Hiro estudia Literatura Española. → Hiro estudia Literatura Inglesa.

1. Hiro no habla español.
2. A Hiro no le gusta mucho el fútbol.
3. Paula vive con su familia.
4. Paula quiere viajar a Corea.

C 👥 下の表現を使って **A** のように自己紹介をしましょう。Preséntate a tus compañeros como en **A**.

| Yo me llamo / Yo soy... | Estudio... en... | Vivo con... en... | Tengo un/a amigo/a... |

| Hablo... y un poco de... | Me gusta(n) mucho... | Quiero... |

uno **1**

直説法現在　Presente de indicativo

1 A 🔊 聞いて読みましょう。Escucha y lee.

1. ¡Hola! Me llamo Daisuke. Tengo veintiún años. Estudio Derecho Internacional en una universidad japonesa.

2. ¡Hola! Me llamo Yumi. Mi padre es japonés y mi madre es coreana. Hablo japonés, coreano, inglés y un poco de español.

3. ¡Buenos días! Soy Ángela. Soy de Bogotá, pero ahora vivo en Tokio. Soy estudiante de Estudios de Asia.

1 B 直説法現在の活用表を完成させましょう。Conjuga los verbos en presente.

hablar

yo		nosotros / nosotras	hablamos
tú	hablas	vosotros / vosotras	
usted, él / ella		ustedes, ellos / ellas	hablan

comer			vivir		
como				vivimos	
	coméis		vives		
come				viven	

1 C 🗣 活用を練習しましょう。Practica la conjugación.

1. hablar　2. estudiar　3. comer　4. vivir　5. viajar　6. escribir　7. necesitar　8. trabajar

Modelo:
A: Yo, hablar.　B: Hablo.　A: Ustedes, comer.　B: Comen.

1 D 🗣 活用表を完成させ**1**Cと同じように活用を練習しましょう。問題を出す人は本を見てかまいません。
Completa y practica como en **1**C. Solo el que pregunta puede mirar el libro.

querer		poder		tener	
quiero	queremos	puedo			tenemos
quieres	queréis		podéis	tienes	tenéis
	quieren	puede	pueden	tiene	

ser		ir		ver	
	somos	voy	vamos	veo	
eres	sois	vas			veis
es			van	ve	ven

1 E **1**Aの文章を、友人を紹介する言い方に直してノートに書きましょう。Reescribe los textos de **1**A en tu cuaderno.

1. Se llama Daisuke. Tiene...

疑問詞　Interrogativos

2 A 👥 質問と答えとそれに続くコメントを結びましょう。Relaciona las preguntas con las respuestas y comentarios.

Pregunta 質問	Respuesta + Comentario 答えとコメント	
1. **¿De dónde** eres?	a) Muy simpáticos.	1) Dos días a la semana.
2. **¿Con quién** vives?	b) Diecinueve años.	2) También hablo un poco de español.
3. **¿Cuántos** años tienes?	c) Marisa.	3) pero ahora vivo en Osaka.
4. **¿Qué** lenguas hablas?	d) De Nagoya,	4) Me gusta mucho el español.
5. **¿Desde cuándo** estudias español?	e) Los miércoles y los viernes.	5) Vivimos un poco lejos de la universidad.
6. **¿Cuándo** estudias español?	f) Desde el año pasado.	6) A veces estudiamos juntos.
7. **¿Quién** es tu profesora de español?	g) Con mi familia.	7) Su clase es muy interesante.
8. **¿Cómo** son tus compañeros?	h) Japonés y coreano.	8) Mi cumpleaños es en junio.

2 B 🔊 聞いて確認しましょう。Escucha y comprueba.

2 C 👥 答えの文で省略されている動詞は何か、ペアの相手と話しましょう。¿Qué verbos están omitidos en las respuestas? Habla con tu compañero.

2 D 👥 **2** Aの質問を使って話しましょう。Habla con tu compañero utilizando las preguntas de **2** A.

Modelo:

A: ¿De dónde eres?   B: De Hiroshima, pero ahora vivo en Osaka. ¿Y tú?

A: Soy de Mie. ¿Cuántos años tienes?   B: Tengo diecinueve años. ¿Y tú?

動詞 + 不定詞　Verbo + infinitivo

3 A 🔊 聞いて読み、枠内の表現の意味を確認しましょう。Escucha, lee y comprueba el uso de estas expresiones.

poder	tener que	querer	ir a

1. Daisuke: Estudio inglés y español porque quiero trabajar en una compañía multinacional.

2. Yumi: Estudio español. Me gustan mucho las redes sociales y ahora puedo escribir comentarios en español en Instagram. ¡Y voy a viajar a México en las próximas vacaciones!

3. Ángela: Estudio japonés pero los *kanji* son muy difíciles. ¡Tengo que estudiar más!

3 B 👥 自分自身について質問の答えとコメントを書いてから、ペアの相手とお互いに質問し合いましょう。
Escribe tu propia respuesta y comentario a estas preguntas. Luego, practica con tu compañero.

例) A: ¿Vas a estudiar español en casa hoy? B: Sí, voy a estudiar mucho español. ¡Quiero hablar muy bien!

1. ¿Puedes escribir comentarios en español en las redes sociales?
2. ¿Quieres viajar a España o a Hispanoamérica?
3. ¿Tienes que estudiar mucho este semestre?

接続詞 porque と 前置詞 para　*porque y para*

4 A 🔊 聞いて読み por qué, porque, para をどのように使うか考えましょう。クラスで確認しましょう。
Escucha y lee estos ejemplos. ¿Cómo usamos *por qué, porque y para*? Comprueba en clase.

> ¿Por qué estudias español?

Porque *me gusta* bailar salsa. Porque *tengo* un amigo mexicano. Porque *quiero viajar* a Hispanoamérica. Porque *tengo que estudiar* dos lenguas extranjeras en la universidad.

Para *viajar* a España. Para *hablar* en español con los clientes de mi restaurante. Para *trabajar* en una compañía multinacional en el futuro.

4 B porque または para を入れて文を完成させましょう。　Completa con *porque* o *para*.

1. Estudio español _____ muchos amigos lo estudian también.
2. Trabajo en un restaurante _____ necesito dinero _____ viajar a España.
3. Voy a viajar a España _____ quiero visitar la Sagrada Familia y ver un partido de fútbol.
4. Estudio español en la universidad _____ trabajar en Hispanoamérica en el futuro.
5. Practico español con mis amigos _____ hablar español muy bien.

点過去 1: 規則活用（単数）　Pretérito perfecto simple(I): conjugación regular (en singular)

5 A 写真にあてはまる表現を書きましょう。　Relaciona el vocabulario con las fotos.

a)
_____

b)
_____

c)
_____

d)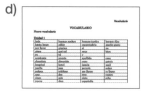
_____

e)
_____

f)
_____

g)
_____

h)
_____

1. memorizar la conjugación
2. aprender el vocabulario
3. asistir a clase
4. participar activamente
5. tomar notas
6. escuchar los audios
7. mirar los vídeos
8. practicar con los compañeros

5 B 🗣 次の動詞のyo, tú, élの点過去の活用を書いて練習しましょう。Escribe y practica las formas de pretérito perfecto simple en singular de estos verbos.

	tomar	escuchar	practicar	memorizar	aprender	asistir
yo	tomé		practiqué	memoricé		asistí
tú	tomaste			memorizaste	aprendiste	
él	tomó	escuchó	practicó			asistió

5 C 🗣 前学期どのようにスペイン語を学習しましたか。また今学期はどうしますか。下の表現を使って話しましょう。¿Qué hiciste el curso pasado para aprender español? ¿Qué vas a hacer este curso? Habla con tu compañero y usa estas expresiones.

| en clase | en casa | regularmente | siempre | todas las semanas |

Modelo:

A: El curso pasado, para aprender español, ¿asististe a clase regularmente?
B: Sí, asistí a clase todas las semanas. ¿Y tú? ¿Miraste los vídeos en casa?
A: No, no miré los vídeos en casa. Pero este curso sí voy a mirar los vídeos.

命令 1: tú　Imperativo (I): *tú*

6 A 🔊 聞いて読みましょう。Escucha y lee.

Sena: Profesora, ¿qué puedo hacer para hablar bien español?

Profesora: **Mira**, puedes hacer muchas cosas. **Asiste** a clase, **participa** activamente y **practica** con los compañeros. **Toma** notas también. En casa, **aprende** el vocabulario y **memoriza** la conjugación. ¡Ah! Y **escucha** los audios y **mira** los vídeos. ¡Vas a aprender mucho!

6 B 6Aの会話からtúで話す相手に対する命令形を探して書きましょう。Busca en los ejemplos anteriores el imperativo *tú* y completa.

1. memorizar　　memoriza
2. participar　　_____
3. practicar　　_____
4. tomar　　_____
5. mirar　　_____
6. escuchar　　_____
7. aprender　　_____
8. asistir　　_____

6 C 正しい方を選びましょう。Elige la opción correcta.

tú で話す相手に対する肯定命令（規則形）Formas regulares del imperativo *tú*.
直説法現在の1人称 / 3人称、単数形 / 複数形が使われる。Se usa la forma de primera / tercera persona en singular /plural del presente de indicativo.

6 D 例のように文を書き換えましょう。Transforma las frases como en el ejemplo.

例) Para tener la nota A, tienes que estudiar mucho. → Para tener la nota A, estudia mucho.

1. Para leer en español bien, tienes que memorizar el vocabulario. →
2. Para hablar bien, tienes que practicar en clase. →
3. Para entender más español, tienes que escuchar los audios y mirar los vídeos en casa. →

自己紹介　Nos presentamos

1 A 質問の文をテーマ別に分類して枠内に書き、それぞれのテーマを枠内から選んで書きましょう。また同じテーマの他の質問をペアの相手といっしょに考えて付け加えましょう。Escribe las preguntas en la columna correspondiente y escribe el tema de cada columna. Después, piensa con tu compañero más preguntas para cada tema.

Temas:	• Familia	• Universidad	• Tiempo libre	• Información personal

¿Cuántas clases tienes a la semana?　　¿Cuál es tu deporte favorito?

¿Te gusta cantar en el karaoke?　　¿Cómo te llamas?　　¿Tienes hermanos?

¿Vives con tu familia?　　¿Te gusta la clase de español?　　¿Trabajas?

Tema: _____

- _____
- _____
- _____

Tema: _____

- _____
- _____
- _____

Tema: _____

- _____
- _____
- _____

Tema: _____

- _____
- _____
- _____

1 B **1** Aの質問を使って話しましょう。Practica las preguntas de **1** A con tu compañero.

1 C 学生の自己紹介を聞いて読みましょう。それぞれの段落が**1** Aのどのテーマについて話しているか分類しましょう。Escucha y lee esta presentación. Identifica los temas de **1** A de cada párrafo.

¡Vamos a estudiar español!

¡Hola! Soy Kana. Soy japonesa, de Nara, pero ahora vivo en Osaka. Vivo en un apartamento cerca de la universidad. Tengo veinte años.

Soy estudiante de Economía de esta universidad. Este semestre tengo trece clases. Los lunes, los martes y los viernes tengo tres clases y los jueves tengo cuatro. Mi clase favorita es Historia. También me gusta mucho la clase de español.

Tengo una hermana mayor, Rika, y un hermano menor, Daiki. Rika vive en Tokio y trabaja en una compañía importante. Daiki es estudiante. Mi madre tiene cincuenta y un años y mi padre cincuenta y tres. Los dos trabajan.

Me gusta mucho leer libros y escuchar música. ¡Me encanta la música latina! Los fines de semana salgo con mis amigos o bailo en la universidad.

1 D 2, 3人のクラスメートといっしょに**1** Cのような自己紹介を練習しましょう。その後で何も読まないで90秒以内で言えますか。Practica con dos o tres compañeros tu propia presentación como en **1** C. Después, ¿puedes decirla sin leer en menos de 90 segundos?

世界のスペイン語　El español en el mundo

2 A 🗣️ スペイン語を話している国はどこでしょうか。本を閉じてグループで話しましょう。¿En qué países del mundo crees que se habla español? Cierra el libro y habla.

2 B 🔊 聞いて空欄に国の名前を書き入れましょう。Escucha a las siguientes personas y escribe en el mapa el nombre de los países.

2 C 本の最初のページにある地図で確認しましょう。Comprueba con el mapa que está al principio del libro.

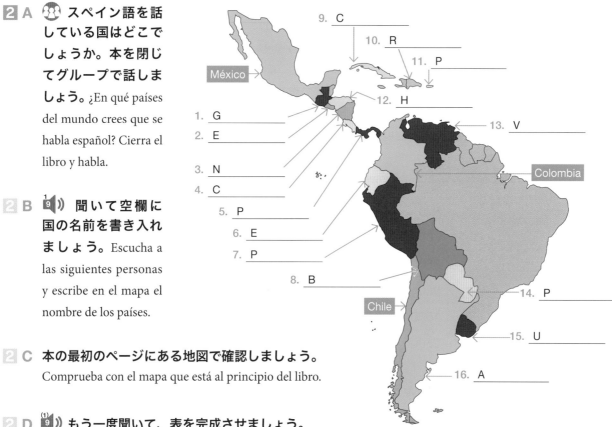

México
Colombia
Chile

9. C
10. R
11. P
12. H
13. V
1. G
2. E
3. N
4. C
5. P
6. E
7. P
8. B
14. P
15. U
16. A

2 D 🔊 もう一度聞いて、表を完成させましょう。Escucha otra vez y completa los datos que faltan.

	a)	b)	c)	d)
	![Atziri]	![Raúl]	![Carolina]	![John]
Nombre:	Atziri	Raúl	Carolina	John
Edad:				
Nacionalidad:				
Profesión:				
Ciudad donde vive:				

2 E 🔊 挨拶の表現を聞いて、それらの表現が日常的に使われる国を選んで書きましょう。他に知っている挨拶の表現はありますか。Escucha y escribe los países donde se usan más habitualmente estos saludos y despedidas. Después di otras expresiones que conoces.

España	México	Argentina

Saludos　会ったときの挨拶		Despedidas　別れの挨拶	
¿Qué pasa, güey?		Chau.	
Hola, che, ¿cómo andás?		Venga, hasta luego.	
¡Hey! ¿Qué tal?		Ahí nos vemos.	

3 A 数字を覚えていますか。算用数字で書きましょう。Escribe en arábigos.

a) quince ____
b) cuarenta ____
c) setenta ____
d) cincuenta ____
e) dieciséis ____
f) sesenta ____
g) doce ____
h) noventa ____
i) catorce ____
j) veintidós ____
k) cien ____
l) treinta ____

3 B 3, 4人のグループで、1人ずつ順に1つずつ数を言いながらできるだけ早く0から100まで数えます。最も早く終わったグループが勝ちです。En grupos de tres o cuatro. Cuenta muy rápidamente de 0 a 100. Cada uno dice un número por turno. Gana el grupo que termina antes.

3 C 数字の読み方を書きましょう。Completa.

100 _____	600 _____
150 _____	700 _____
200 _____	800 _____
300 _____	900 _____
400 _____	1000 _____
500 _____	2500 _____

cien
ciento cincuenta
quinientos
setecientos   novecientos
doscientos, trescientos...
mil
dos mil quinientos

3 D 下のデータに注目しましょう。聞いて読み、数字を算用数字で書き込みましょう。Fíjate en los datos. Lee, escucha y escribe en arábigos.

En 2023 más de _____ millones de personas hablan español (o castellano) en el mundo. _____ millones son hablantes nativos. El español es idioma oficial en _____ países de América Latina, _____ con Puerto Rico, en España (en el sur de Europa) y en Guinea Ecuatorial (en África). Los países con más hablantes nativos de español son México (_____ millones), Colombia (casi _____ millones), España (_____ millones) y Argentina (_____ millones). También hablan español muchas personas en Estados Unidos, _____ millones. El español es la segunda lengua más usada en las redes sociales. Y aproximadamente _____ millones de alumnos estudian español como lengua extranjera en el mundo.

El español en internet

chino 19,4 % | inglés 25,9 % | español 7,9 %

El español, segunda lengua más usada

昨年度にしたこと El curso pasado

4 A 次のページの枠内から動詞を選んで入れましょう。Completa.

1.	2.	3.	4.
_____ en la universidad	_____ a estudiar español	_____ a mi amigo	_____ activamente

5.	6.	7.	8.
_____ con los compañeros	_____ a México	_____ tacos	_____

| practicar | viajar | empezar | comer | participar | gustar | conocer | entrar |

4 B 🔊 佳奈の友人、雄介が前学期何をしたかについて文章を書いています。完成させてから聞いて確認しましょう。Ayuda a Yusuke a completar su texto sobre qué hizo el curso pasado. Después, escucha y comprueba.

El año pasado __entré__ en la universidad. En abril _____ a estudiar español y _____ a mi amiga Kana en la clase de español. Para aprender español, _____ activamente en clase y _____ mucho con mis compañeros. ¡En verano _____ a México con Kana y _____ tacos! Me _____ mucho viajar a México.

4 C 👥 あなたは去年何をしましたか。4 Bのように話しましょう。¿Qué hiciste el año pasado? Practica con tus compañeros como en 4 B.

ボゴタでのスペイン語のコース　En un curso de español en Bogotá

5 A 🔊 スペイン語の先生と生徒との会話を聞いて、正しい答えを選びましょう。Escucha la siguiente conversación entre una profesora de español y sus alumnos y elige la opción correcta.

1. Helmut estudia español porque...
   a) le gusta viajar　b) le gusta el fútbol　c) es muy fácil
2. Erika empezó a estudiar español...
   a) el año pasado　b) hace tres meses　c) hace tres años
3. A Luigi le gusta...
   a) viajar　b) estudiar español　c) la conjugación
4. Para Helmut y Luigi es más difícil...
   a) hablar　b) la conjugación　c) leer y entender

¿Por qué estudian español?

5 B 自分自身について文章を書き、クラスで話しましょう。この課で学習した語彙や表現を使って、下のそれぞれの内容について書いてください。箇条書きにしてはいけません。Prepara un texto (no una lista de frases) sobre ti y preséntalo a tus compañeros. Puedes escribir sobre estos temas. Utiliza el vocabulario y los modelos de la unidad.

1. Información personal.
2. Tiempo libre.
3. Tus clases en la universidad.
4. ¿Por qué estudias español?
5. ¿Qué hiciste el curso pasado?
6. ¿Qué vas a hacer para aprender bien español?

ビデオ

▶ ビデオを見て、指示に従いましょう。Mira el vídeo y sigue las instrucciones.

A 写真を見て、昨年度にやったことについて**yo**を主語にした文を書きましょう。Fíjate en las fotos y escribe una frase sobre lo que hiciste el año pasado.

例)　　　　　　　1.　　　　　　　2.　　　　　　　3.　　　　　　　4.　　　　　　　5.

例) Participé activamente.

1. _____ el vocabulario.

2. _____ los vídeos.

3. _____ a estudiar español.

4. _____ a mi amigo Miguel.

5. _____ a Okinawa.

B 疑問詞を入れて質問を完成させてから、質問に答えましょう。答えの文は動詞を含むものにしてください。Completa con un interrogativo y contesta. Incluye el verbo en las respuestas.

例) A: ¿De __dónde__ eres?　　　　　　　B: Soy de Nagoya.

1. A: ¿Con _____ vives?　　　　　　B: _____.

2. A: ¿_____ lenguas hablas?　　　　B: _____.

3. A: ¿_____ años tienes?　　　　　　B: _____.

4. A: ¿Desde _____ estudias español?　B: _____.

5. A: ¿_____ estudias español?　　　　B: Porque _____.

C 次のような場合、スペイン語で何と言いますか。¿Qué dices en las siguientes situaciones?

1. スペイン語をいつ勉強するか聞かれた。Te preguntan cuándo estudias español.

2. 兄弟がいるかどうか聞かれた。Te preguntan si tienes hermanos.

3. スペイン語を上手に話すためにどうしなければいけないか友人に聞かれた。Tu compañero te pregunta qué puede hacer para hablar bien español.

4. スペイン語のクラスについて相手に何か質問する。Haz una pregunta a tu compañero sobre la clase de español.

5. チリの近くにある国を4つ言う。Di el nombre de cuatro países que están cerca de Chile.

D 自己評価　Evalúate según el número de respuestas acertadas.

12-15: Muy bien　　　8-11: Bien　　　4-7: Regular　　　0-3: No muy bien

自由課題　振　り　返　り　Reflexión sobre lo aprendido

1. この課で学んだことをまとめましょう。¿Por qué no haces un resumen sobre lo que has aprendido en esta unidad?

2. 何が1番面白かったですか。他に何か知りたいことはありますか。¿Qué te ha gustado más? ¿Quieres saber algo más?

3. この課の目標を達成しましたか。¿Has logrado los objetivos de la unidad? ¿Eres capaz?

Mi familia y mis amigos

この課の目標　Seré capaz de:

●家族や友人のような人間関係について話すことができる。Hablar de relaciones personales: la familia y los amigos.

●ある人が昔どのようだったかを記述することができる。Describir a personas en pasado.

A ▶ 🔊 Lucíaが若い頃の話をしています。ビデオを見て読みましょう。Lucía habla de cuando era más joven. Mira el vídeo y lee.

1. Me llamo Lucía. Tengo 42 años. Me gusta mucho viajar.

2. En esta foto tenía 24 años. Me gustaba mucho ir a la playa. Estaba en Cancún.

B 次の動詞の過去形の形を探して書きましょう。¿Qué formas del pasado se usan en **A** para los siguientes verbos?

estar [　　　　　　]　　　　　tener [　　　　　　]　　　　　gustar [　　　　　　]

C 👥 携帯に昔の写真を持っていますか。相手に写真を見せながら、どこにいたか、何歳だったか、何が好きだったかを言いましょう。¿Tienes alguna foto antigua en el móvil? Enséñasela a tu compañero y habla.

[　Estaba en...　]　　　　　[　Yo tenía...　]　　　　　[　Me gustaba...　]

線過去 1　Pretérito imperfecto (I)

1 A 🔊 動詞の形を考えて下線部に書きましょう。聞いて確認しましょう。Lee los ejemplos y completa. Luego, escucha y comprueba.

1. Ahora estudio en la universidad.
   Antes estudiaba en el instituto.

2. Ahora vivo con dos amigas.
   Antes vivía con mi familia.

3. Ahora trabajo en una farmacia.
   Antes _____ en una cafetería.

4. Ahora aprendo japonés.
   Antes _____ inglés.

1 B 線過去の活用表を完成させましょう。Conjuga los verbos en pretérito imperfecto.

規則活用　Verbos de conjugación regular

Verbos -ar ➜ -aba, -abas...

estudiar		estar		levantarse	
estudiaba	estudiábamos	estaba		me levantaba	
estudiabas	estudiabais				
estudiaba	estudiaban				

Verbos -er, -ir ➜ -ía, -ías...

aprender		tener		vivir	
aprendía	aprendíamos	tenía		vivía	
aprendías	aprendíais				
aprendía	aprendían				

不規則活用　Verbos de conjugación irregular

ser		ir		ver	
era	éramos	iba		veía	
eras	erais	ibas		veías	
era	eran		iban		

1 C 次の動詞の意味を確認し、線過去の活用を練習しましょう。Comprueba el significado de estos verbos y practica la conjugación del imperfecto.

Modelo:	
A: Yo, estar.	B: Estaba.
A: Nosotros, escribir.	B: Escribíamos.

1. estar
2. jugar
3. llevar
4. cocinar
5. comer
6. conocer
7. escribir
8. recibir
9. venir
10. llamarse
11. ponerse
12. vestirse

1 D 図を見て、例のような文を書きましょう。**pero**を使ってください。Fíjate en este cuadro y escribe frases como en el ejemplo. Usa *pero*.

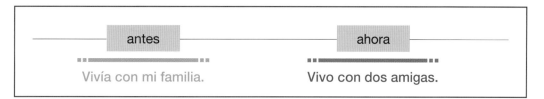

antes	ahora
Vivía con mi familia.	Vivo con dos amigas.

例）(yo) antes → trabajar de camarera, ahora → trabajar de profesora

   Antes yo trabajaba de camarera, pero ahora trabajo de profesora.

1. mis amigos   antes   → vivir en Barcelona   ahora   → vivir en Alemania
2. mi padre   antes   → no cocinar muy bien   ahora   → cocinar muy bien
3. nosotras   antes   → ser compañeras   ahora   → ser muy buenas amigas
4. mi novio   antes   → tener el pelo largo   ahora   → tener el pelo corto
5. vosotros   antes   → hablar español bien   ahora   → hablar español perfectamente

動詞 ser, tener, llevar   Verbos *ser*, *tener* y *llevar*

2 A 🔊 文を聞いて読み、使われている動詞によって分類しましょう。下線部の語を表に書きましょう。

Escucha y lee estas frases y clasifícalas según los verbos. Escribe las palabras subrayadas en la tabla.

Se llama Daniel.

a) Es argentino.
b) Es de Buenos Aires.
c) Es profesor de español.
d) Es un profesor excelente.
e) Tiene 39 años.
f) Es alto.
g) Tiene el pelo rizado.
h) Tiene los ojos marrones.
i) Lleva barba.
j) Lleva gafas.
k) Normalmente lleva camisa.
l) Es muy simpático y amable.

1. ser	argentino,
2. tener	39 años,
3. llevar	barba,

2 B Danielは以前はちょっと違っていました。動詞を線過去にして文を完成させましょう。Antes Daniel era un poco diferente. Completa con imperfecto.

1. ___Era___ estudiante.
2. _____ un estudiante muy bueno.
3. _____ 19 años.
4. _____ alto.
5. _____ el pelo corto.
6. _____ los ojos marrones.
7. No _____ barba.
8. No _____ gafas.
9. Normalmente _____ camiseta.
10. _____ muy trabajador.

2 C 🗣 前学期のスペイン語の先生についての質問を完成し、練習しましょう。Completa las preguntas sobre tu profesor de español del curso pasado y practica con tu compañero.

Tu profesor o profesora de español del curso pasado

1. A: ¿Cómo <u>se llamaba</u>?   B: Se llamaba _____.

2. A: ¿De dónde _____?

3. A: ¿Cómo _____ el pelo?

4. A: ¿De qué color _____ los ojos?

5. A: ¿ _____ gafas?

6. A: ¿Qué ropa _____ normalmente?

7. A: ¿ _____ simpático y amable?

tener		
el pelo	**los ojos**	
corto largo	azules	marrones
liso rizado	negros	verdes

llevar

gafas   uniforme   pantalones
falda   camisa   camiseta
barba

2 D 🗣 あなたが15歳の頃について今の様子と比べながら、髪の毛、服装、眼鏡をかけていたかどうかについて話しましょう。¿Cómo eras cuando tenías quince años? ¿Y ahora? Habla con tu compañero sobre el pelo, la ropa o sobre si llevabas gafas.

Modelo:

A: ¿Cómo tenías el pelo cuando tenías quince años?

B: Lo tenía corto. Ahora lo tengo largo. ¿Y tú? ¿Llevabas gafas?

点過去 2：規則活用　Pretérito perfecto simple (II): conjugación regular

3 A 右左を結びましょう。Relaciona.

1. viajar •   → b) a España
2. hablar •   a) mensajes con el móvil
3. comer •   b) a España
4. tomar •   c) a Marianne
5. escribir y recibir •   d) en español
6. volver •   e) a Japón
7. conocer •   f) café
   g) unas tapas en un bar

3 B 🗣 表を見て活用を確認し、点過去の活用を練習しましょう。Mira las tablas y practica la conjugación.

hablar	
hablé	hablamos
hablaste	hablasteis
habló	hablaron

comer	
comí	comimos
comiste	comisteis
comió	comieron

escribir	
escribí	escribimos
escribiste	escribisteis
escribió	escribieron

Modelo:

A: Tú, viajar.   B: Viajaste.
A: Ellos, tomar.   B: Tomaron.

1. viajar   2. conocer   3. escribir   4. tomar
5. volver   6. recibir   7. hablar   8. comer

3 C 🔊 由香とMarianneが行ったことについて**3**Aの表現を使って文を完成させましょう。聞いて確認しましょう。Escribe sobre lo que hicieron Yuka y Marianne utilizando las expresiones de **3**A. Después, escucha y comprueba.

1. El año pasado yo _____ (viajar) a España.
2. _____ (yo, conocer) a Marianne en España.
3. Marianne y yo _____ (comer) unas tapas en un bar.
4. Después, nosotras _____ (tomar) café y _____ (hablar) mucho en español.
5. Cuando yo _____ (volver) a Japón, _____ (recibir) un mensaje de Marianne.
6. Después, nos _____ (nosotras, escribir) más mensajes. Ahora somos muy amigas.

関係詞 1: que   Relativos (I): *que*

4 A 関係詞queの使い方を確認しましょう。Fíjate en la estructura de las frases con el pronombre relativo *que*.

名詞の修飾表現   Modificadores del sustantivo

un / el	amigo	muy inteligente	
		de mi padre	
		que jugaba muy bien al tenis	← Mi amigo jugaba muy bien al tenis.
		que yo conocí en España	← Yo conocí a mi amigo en España.

Yo vivo en una casa . Mis padres compraron la casa el año pasado.
→ Yo vivo en una casa que compraron mis padres el año pasado.

4 B 例のように文を作りましょう。Lee estos ejemplos y forma frases con la información proporcionada.

1. En la universidad tengo muchos profesores interesantes.
   例) Tengo un profesor / una profesora que siempre **llega** pronto para hablar con los estudiantes.
   a. no **recordar** los nombres de los estudiantes
   b. **tener** siempre mucha energía en clase

2. Cuando era estudiante de instituto, tenía muchos compañeros interesantes y divertidos.
   例) Tenía un compañero / una compañera que **hablaba** varias lenguas perfectamente.
   a. **trabajar** en dos restaurantes
   b. **participar** en competiciones de videojuegos

4 C 👥 次の文に自由に続けて、ペアの相手と話しましょう。Completa estas frases con tu información y habla con tu compañero.

Cuando era estudiante de instituto, tenía muchos profesores interesantes. Por ejemplo, tenía un profesor / una profesora que...

En la universidad tengo muchos compañeros interesantes y divertidos. Por ejemplo, tengo un compañero / una compañera que...

私の家族 Mi familia

1 A 🔊 写真を見て聞き、テキストを読みましょう。下の表を完成させましょう。Mira la foto, escucha, lee el texto y completa la tabla.

Nombre	Relación
1.	tía
2.	
3.	
4. Juan	
5.	abuela
6. Pau	
7.	
8.	

¡Hola! Me llamo Olaya. Tengo veinte años y soy estudiante de universidad. Esta es una foto de mi familia. Tomamos esta foto en la casa de mis abuelos, los padres de mi madre, en el cumpleaños de mi abuelo Juan. Es muy simpático y amable. Mi abuela Carmen siempre lleva ropa de color rojo y cocina muy bien. En esta foto mi tía María José también lleva un jersey rojo y está con el pequeño Izán, que solo tiene dos añitos. A mi prima Laura, la hermana de Izán, le gusta el color rosa. El padre de Izán es mi tío Rubén, el hermano de mi madre. Lleva barba y ahora tiene poco pelo. Mi hermana Nuria tiene trece años y es muy inteligente. Ella es rubia, como mi padre. Mi padre se llama Pau, lleva un jersey marrón. Mi madre se llama Isabel. No está porque ella tomó la foto.

1 B 🗣️ 図を完成させてから、**1**Aの人について話しましょう。Completa y explica la relación de las personas de **1**A.

Modelo:

Izán es el primo de Olaya, el hijo de su tía María José.

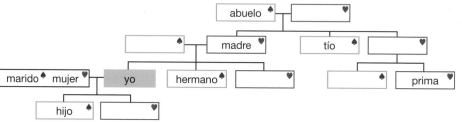

1 C 👥 下の語の意味を確認しましょう。 ¿Recuerdas este vocabulario?

Es...				Tiene el pelo...
simpático ⇔ antipático		alto ⇔ bajo		largo ⇔ corto
inteligente		gordo ⇔ delgado		rubio ⇔ moreno
trabajador ⇔ vago		mayor ⇔ joven		liso ⇔ rizado
alegre ⇔ serio		guapo ⇔ feo		
elegante				

1 D 🗣️ 自分の家族の中の誰か2人について話しましょう。名前、年齢、職業、容姿、性格、好みについて話してください。 Describe a dos miembros de tu familia: nombre, edad, profesión o dónde trabajan, aspecto físico, carácter, gustos etc.

Modelo:

Mi hermana se llama Mizuho. Tiene catorce años y estudia en un instituto de mi ciudad. Es alta, tiene el pelo largo y liso y lleva gafas. Es muy guapa e inteligente. Le encanta estudiar inglés y estar con los amigos.

子供のころ　Cuando éramos niños

2 A 🗣 下の古い写真を見て、ペアの相手と話しながら表を完成させましょう。 Fíjate en estas fotos antiguas. Pregunta a tu compañero y completa la tabla.

¿Cuántos años tenía?	¿Dónde vivía?
¿Cómo era?	¿Qué le gustaba?

Alumno A   Alumno B → p. 121

a)   b)

Juan Carlos	Nombre	Carlos
	Edad	4
	Ciudad	Alcalá de Henares
	Descripción	ser delgado, alto y un poco malo tener el pelo corto
	Gustos	los coches

2 B 🔊 Juan Carlos と Carlos の今の様子を聞き、文章を完成させましょう。 Escucha cómo son ahora Juan Carlos y Carlos y completa la descripción.

Juan Carlos tiene _____ años. Vive en _____. Es un poco _____, pero también es _____. Tiene el pelo _____, no lleva _____ y es muy _____.
Le gusta _____.

Carlos tiene _____ años. Vive en _____. Es _____, delgado y _____. Tiene el pelo _____ y es muy _____.
Le gusta _____.

2 C 🗣 10歳の頃の親友はどんな子供でしたか。質問を書き、練習しましょう。 ¿Cómo era tu amigo cuando tenías diez años? Escribe las preguntas y practica.

例) A: ¿Cómo se llamaba tu mejor amigo?   B: Se llamaba Eduardo.
1. A: _____   B: Era de Sapporo.
2. A: _____   B: Tenía el pelo corto.
3. A: _____   B: Tenía los ojos azules.
4. A: _____   B: Sí, llevaba gafas.
5. A: _____   B: Llevaba pantalones cortos.
6. A: _____   B: Era alto y delgado.

2 D 🗣 あなたが10歳の頃について今の様子と比べながら、髪の毛、服装、眼鏡をかけていたかどうかについて話しましょう。 ¿Cómo eras cuando tenías diez años? ¿Y ahora? Habla con tu compañero sobre el pelo, la ropa o sobre si llevabas gafas.

Modelo:

A: ¿Cómo tenías el pelo cuando tenías diez años?
B: Lo tenía corto. Ahora lo tengo largo. ¿Y tú? ¿Llevabas gafas?

友人　Mis amigos

3 A 🔊 由香は友人の Marianne についての文を書いています。動詞を線過去にして文章を完成させて
から、聞いて確認しましょう。 Yuka escribe un texto sobre su amiga Marianne. Completa con los verbos en
pretérito imperfecto. Después, escucha y comprueba.

En mi viaje a España conocí a una chica muy interesante. ___Se llamaba___
Marianne. _____ francesa. _____ muy simpática y
alegre. _____ los ojos azules y el pelo muy largo.
_____ una camiseta azul y unos pantalones marrones. Le gustaba
mucho la música y tocaba la guitarra muy bien. A veces nos escribimos
por LINE.

3 B 友人の Diego について指示された内容で **3 A** のような文章を書きましょう。 Escribe un texto similar a
3 A sobre tu amigo Diego. Usa esta información.

En mi viaje a España
- un chico muy simpático
- Diego
- el pelo rizado y un poco largo
- una camiseta de fútbol
- el manga y el fútbol
- hablar un poco de japonés

こんにちは

3 C 🔊 例を聞いて確認しましょう。 Escucha una posibilidad.

4 A 🔊 写真を見ながら、Sara の話を聞いて次の頁の文章を読みましょう。それから下の a) b) c) のどれ
が Sara か選びましょう。 Mira la foto. Lee y escucha a Sara. ¿Sabes quién es? Elige la opción correcta.

a) Sara es la chica que está en el centro y que lleva gafas.
b) Sara es la chica que está sentada a la izquierda.
c) Sara es la chica que está detrás.

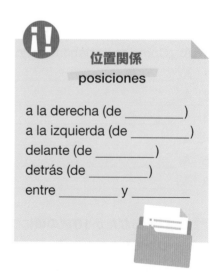

位置関係
posiciones

a la derecha (de _____)
a la izquierda (de _____)
delante (de _____)
detrás (de _____)
entre _____ y _____

En esta foto éramos estudiantes de instituto y estábamos en la misma clase. Mis compañeros eran muy simpáticos y muy divertidos. Todos eran muy altos, más altos que yo. Nos gustaban mucho las matemáticas. Todos nos llevábamos muy bien, pero Alberto, el chico que está detrás de mí, era un poco antipático. Él y yo no éramos muy amigos.

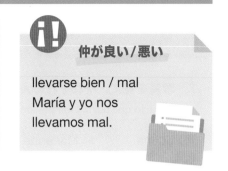

仲が良い／悪い

llevarse bien / mal
María y yo nos
llevamos mal.

4 B 🔊 Saraは今の恋人のJuliánに写真を見せています。聞いて表の人がどこにいるかと以前の容姿や性格等について表に書きましょう。Sara le enseña la foto a Julián, su novio actual. Escucha y escribe quiénes son las siguientes personas y cómo eran.

Alberto	El chico que está detrás de Sara.	Era un poco antipático.	No se llevaban muy bien.
Sonia	La chica que		
Pablo			
Laura			

4 C 🔊 色々な時期に知り合った３人の友人の名前を書き、ペアの相手と話しましょう。Escribe el nombre de tres amigos o amigas que conociste en diferentes épocas de tu vida y habla con tu compañero.

¿Cuándo y dónde lo / la conociste?　　¿Cómo era?　　¿Qué le gustaba?　　¿Os llevabais bien?

様々な家族の形態　Tipos de familia

5 A 🔊 文章を聞いて読み、(1)〜(6)にあたる家族の写真を選びましょう。Escucha, lee el texto y relaciona los tipos de familia con las fotos.

En los países del mundo hispano, durante mucho tiempo, la familia habitual era la familia tradicional, con un padre, una madre, hijos (1) y, a menudo, los abuelos (2). Actualmente hay familias tradicionales y también nuevos tipos de familia. Por ejemplo, unas familias tienen un padre o una madre (3) o los dos son del mismo sexo (4). Muchas parejas jóvenes deciden no tener hijos (5) y muchas personas viven solas (6).

(1)　　(2)　　(3)
(4)　　(5)　　(6)

5 B 🔊 スペイン語圏の家族と日本や他によく知っている国の家族とを比べて話しましょう。Presenta de forma oral los tipos de familia en Japón o en otro país que conozcas bien y compáralos con el mundo hispano.

ビデオ

▶ ビデオを見て、指示に従いましょう。Mira el vídeo y sigue las instrucciones.

A 写真を見て、それぞれの人の昔の習慣について文を書きましょう。 Fíjate en las fotos y escribe frases sobre lo que hacía cada persona antes.

例) Juana　　1. Marianne　　2. yo　　3. tú　　4. Abel　　5. Blas y Ana

例) Antes Juana vivía con dos amigas.

2. _____ .　　　1. _____ .

4. _____ .　　　3. _____ .

　　　　　　　　　　　　　　　　　　　　　　5. _____ .

B 疑問詞を入れて質問を完成させてから、質問に答えましょう。答えの文は動詞を含むものにしてください。 Completa con un interrogativo y contesta a las preguntas. Incluye el verbo en las respuestas.

例) A: ¿___Cuántos___ años tenías?　　　B: Tenía quince años.

1. A: ¿_____ tenías el pelo?　　　B: _____ .

2. A: ¿_____ tenías los ojos?　　　B: _____ .

3. A: ¿_____ te gustaba?　　　B: _____ .

4. A: ¿_____ eras?　　　B: _____ .

5. A: ¿_____ vivías?　　　B: _____ .

C 次のような場合、スペイン語で何と言いますか。 ¿Qué dices en las siguientes situaciones?

1. 小さい頃どんな子供だったか聞かれた。 Te preguntan cómo eras de pequeño/a.

2. よい生徒だったかどうか聞かれた。 Te preguntan si eras buen estudiante.

3. 昨日したことを言う。 Di qué hiciste ayer.

4. 高校の友人たちがどんな人だったかを言う。 Di cómo eran tus compañeros de instituto.

5. クラスの生徒の誰かについてどこにいるかを言い、それが誰かを相手に聞く。 Pregunta a tu compañero quién es alguno de los estudiantes de tu clase. Identifícalo por su posición.

D 自己評価　Evalúate según el número de respuestas acertadas.

12-15: Muy bien　　　8-11: Bien　　　4-7: Regular　　　0-3: No muy bien

 自由課題　 振 り 返 り　Reflexión sobre lo aprendido

1. この課で学んだことをまとめましょう。 ¿Por qué no haces un resumen sobre lo que has aprendido en esta unidad?

2. 何が1番面白かったですか。他に何か知りたいことはありますか。 ¿Qué te ha gustado más? ¿Quieres saber algo más?

3. この課の目標を達成しましたか。 ¿Has logrado los objetivos de la unidad? ¿Eres capaz?

Mi barrio

この課の目標　Seré capaz de:

● 大学生活と以前の生活を比べて、その違いについて話すことができる。Hablar de las diferencias entre la vida universitaria y la vida antes de la universidad.

● 過去の習慣について話すことができる。Hablar de acciones habituales en pasado.

● ある場所の位置とそこへの行き方について、質問したり答えたりすることができる。Preguntar y contestar por la localización o la forma de llegar a un lugar.

A 📺 🔊 高校生だった頃のことを話しています。ビデオを見て読み、文と写真を結びましょう。Una amiga habla de su vida de estudiante de instituto. Mira el vídeo, lee y relaciona las frases con las fotos.

1. Cuando tenía dieciséis años, vivía en Valencia.

2. Me levantaba a las 7:10.

3. Iba al instituto en metro.

4. Me gustaba mucho la cultura japonesa.

5. Después de clase estudiaba japonés.

a) 　b) 　c) 　d) 　e)

B 👥 自分自身のことについて書き、グループで発表しましょう。Completa y presenta con tu grupo.

Cuando tenía dieciséis años

1. Vivía en _____.

2. Me levantaba _____.

3. Iba al instituto _____.

4. Me gustaba _____.

5. Después de clase _____.

線過去 2　Pretérito imperfecto (II)

1 A 🔊 動詞 vivir の適切な形を入れて会話を完成させましょう。聞いて確認しましょう。Completa el diálogo con el verbo *vivir*. Escucha y comprueba.

Shusaku: ¿Dónde _____ ahora?

Victoria: _____ en Madrid, cerca del centro.

Shusaku: ¿_____ en Madrid antes de entrar en la universidad?

Victoria: No, _____ en un pueblo muy pequeño.

1 B 🔊 写真を見て動詞を正しい形で書きましょう。聞いて確認しましょう。Mira las fotos y escribe los verbos en la forma correcta. Después escucha y comprueba.

> Antes vivía en un pueblo.

> Ahora vivo en una ciudad.

1. Había_____ mucha naturaleza.

haber

a) _____ mucha gente.

2. Las casas _____ grandes.

ser

b) Las casas _____ pequeñas.

3. La escuela _____ cerca de casa.

estar

c) La universidad _____ lejos de casa.

4. El pueblo _____ una plaza bonita.

tener

d) El centro comercial _____ muchas tiendas.

1 C 例のように必要な語を加えて質問を書きましょう。Forma preguntas como en el ejemplo.

Cuando tenías diez años.

例) Vivir en el mismo lugar / en un lugar diferente

　　¿Vivías en el mismo lugar o en un lugar diferente?

1. vivir / en una ciudad / en un pueblo
2. la escuela / estar cerca / lejos de tu casa
3. tu casa / ser grande / pequeña
4. cerca de tu casa / haber / muchas tiendas / mucha naturaleza

1 D 👥 **1** C の質問をしながら話しましょう。Practica las preguntas de **1** C.

Modelo:
A: Cuando tenías diez años, ¿vivías en el mismo lugar o en un lugar diferente?
B: Cuando yo tenía diez años, vivía en un lugar diferente. Vivía en un pueblo. ¿Y tú?

点過去3：不規則活用　Pretérito perfecto simple (III): conjugación irregular

2 A 🔊 聞いて読みましょう。Escucha y lee.

Mi ciudad

Ahora estudio en la universidad y vivo en Madrid, en un apartamento muy pequeño cerca del centro. Me gusta mucho vivir en una ciudad grande.

El mes pasado **vinieron** a Madrid unos amigos de Argentina y **estuvieron** unos días en un hotel cerca de mi casa. **Hicimos** muchas cosas: **fuimos** al museo del Prado, **vimos** un musical en el teatro Lope de Vega, visitamos el parque del Retiro, tomamos unas tapas... Uno de mis amigos **se puso** enfermo, pero **pude** llevarlo a un hospital que está cerca de mi apartamento.

2 B 次の場所をスペイン語で何と言うか **2**Aから探して書きましょう。¿Cómo se dice en español?

1.

2.

3.

4.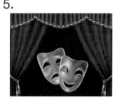

5.

_____ _____ _____ _____ _____

2 C 点過去の活用表を完成させ、**2**Aから探しましょう。Conjuga los verbos en pretérito perfecto simple y búscalos en **2**A.

venir	
vine	vinimos
viniste	vinisteis
vino	vinieron

estar	
estuve	
	estuvisteis
estuvo	

ponerse	
	nos pusimos
te pusiste	

hacer	
	hicisteis
hizo	hicieron

poder	
pudiste	
	pudieron

ser / ir	
fuiste	fuisteis
	fueron

2 D 👥 12ページ**1**Cのように活用を練習しましょう。Practica la conjugación como en la página 12, **1**C.

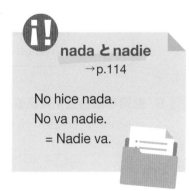

ℹ️ nada と nadie
→p.114

No hice nada.
No va nadie.
= Nadie va.

2 E **2**Cの動詞を適切な形で使って文を完成させましょう。
Completa con los verbos de **2**C.

1. Mis amigos _____ al teatro, pero yo no fui.

2. El fin de semana pasado _____ en San Sebastián.

3. _____ a esta ciudad por primera vez en 1970. Desde entonces vivo aquí.

4. María comió mucho marisco y _____ enferma.

5. A: ¿Qué _____ en las vacaciones?　B: No hice nada especial.

頻度表現　Expresiones de frecuencia

3 A 🧑‍🤝‍🧑 大学に入る前に以下のようなことをやっていましたか。その頻度について線過去を使って話しましょう。下の表の頻度表現を使って下さい。 ¿Qué actividades hacías antes de entrar en la universidad? ¿Con qué frecuencia? Usa estas expresiones y habla con tus compañeros.

hacer deporte	tocar el piano	viajar solo/a
levantarse pronto	tomar el tren	salir con los amigos

siempre	todos los días		
normalmente	todas las semanas	una vez	al día
a menudo	los domingos	dos veces	a la semana
a veces	los lunes y los miércoles	tres veces	al mes
no / (casi) nunca	los fines de semana	...	al año

Modelo:

A: ¿Hacíais deporte antes de entrar en la universidad?　B: Sí. Yo siempre hacía deporte.

C: Yo también. Yo hacía deporte dos veces a la semana.　D: Yo no hacía deporte nunca.

A: Yo tampoco hacía deporte casi nunca.

3 B グループで話した内容をクラスで話しましょう。 Comparte los resultados con la clase.

Modelo:

Mizuho y yo hacíamos deporte todos los días, pero Kei y Ryota no hacían deporte nunca.

線過去と点過去1　Pretérito imperfecto y pretérito perfecto simple (I)

4 A 🧑‍🤝‍🧑 図を見ながら、線過去と点過去の使い分けを考えましょう。 Fíjate. ¿Cuándo se usan el pretérito imperfecto y el pretérito perfecto simple?

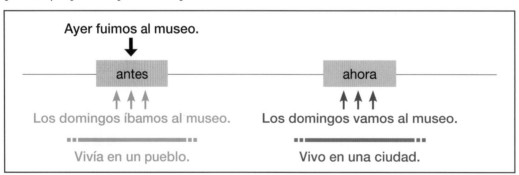

Ayer fuimos al museo.

antes　ahora

Los domingos íbamos al museo.　Los domingos vamos al museo.

Vivía en un pueblo.　Vivo en una ciudad.

4 B 動詞を線過去か点過去の適切な形にし、文を完成させましょう。 Completa con la forma adecuada de pretérito imperfecto o pretérito perfecto simple.

1. Antes _____ (jugar, ellos) al fútbol una vez a la semana.

2. Una vez _____ (jugar, ellos) al tenis con un tenista profesional.

3. La semana pasada el señor González _____ (ir) a Barcelona por trabajo.

4. Antes el señor González _____ (ir) a Barcelona los fines de semana.

5. Hace diez años mi tío _____ (venir) a casa una vez al mes más o menos.

6. Hace diez años Juan _____ (venir) a Japón para estudiar en la universidad.

関係詞 2: donde   Relativos (II): *donde*

5 A 関係詞 donde の使い方を確認しましょう。Fíjate en la estructura de las frases con el pronombre relativo *donde*.

		muy bonito
un / el	parque	de mi barrio
		donde jugaba con mis amigos

← Yo jugaba con mis amigos **en el parque**.

5 B 次の例を読んで、例のように文を作りましょう。Lee estos ejemplos y forma frases con la información proporcionada.

1. 例) Cerca de la universidad hay una cafetería donde **trabaja** mi mejor amiga.
   a. un restaurante / yo, **cenar** con mis amigos los fines de semana
   b. una tienda de ropa / ellos, **vender** chaquetas muy originales

2. 例) Cuando era estudiante de bachillerato, cerca del instituto había un centro comercial donde **merendaba** a veces con mis amigos.
   a. una librería de segunda mano / yo, **comprar** cómics
   b. un karaoke / yo, **trabajar** los fines de semana

5 C 次の文に自由に続けて、ペアの相手と話しましょう。Completa estas frases con tu información y habla con tu compañero.

Cerca de la universidad hay unos lugares interesantes. Por ejemplo, hay...

Cuando era estudiante de bachillerato, cerca del instituto había unos lugares interesantes. Por ejemplo, había...

命令 2：tú   Imperativo (II): *tú*

6 A tú で話す相手に対する命令形を書きましょう。Escribe el imperativo *tú*.

1. empezar   empieza   2. volver _____   3. cerrar _____
4. jugar   _____   5. pedir _____   6. seguir _____

6 B 右の列と左の列を結び、文を作りましょう。下線部は別の名前に変えて下さい。Relaciona y completa. Después, escribe las frases cambiando las partes subrayadas.

例) Toma la línea Yamanote. → Toma la línea Chuo.

1. toma
2. gira
3. sigue
4. baja
5. cambia

a) a la línea 5 de metro
b) la línea Yamanote
c) recto
d) en (la estación de) Ikebukuro
e) a la derecha / a la izquierda

Sigue recto.

Gira a la izquierda.
Gira la segunda a la derecha.

6 C tú で話す相手に対する命令形を下の枠から探して書きましょう。Relaciona y escribe el imperativo *tú* de los siguientes verbos.

1. tener   ten   2. salir _____   3. venir _____   4. hacer _____
5. poner   _____ 6. decir _____   7. ir _____   8. ser _____

ten	ven	haz	di	ve	sé	pon	sal

以前の生活と今の生活 Mi vida antes y ahora

1 **A**　それぞれの文を以前の写真と今の写真のどちらかと結びましょう。Relaciona las frases con las fotos.

Cuando era estudiante de bachillerato...

Soy estudiante de segundo en la universidad.

Tengo clases desde las 9:20 hasta las 4:45.

Tenía clases desde las 8:30 hasta las 3:00.

Iba andando.

Voy en tren.

Vivía muy cerca del instituto y tardaba diez minutos.

Vivo bastante lejos de la universidad y tardo una hora.

Me levantaba a las 6:30.

Me levanto a las 7:00.

No trabajaba.

Trabajo.

1 **B**　🔊 聞いて確認し、下の質問に答えましょう。Escucha, comprueba y contesta a las siguientes preguntas.

	Antes	Ahora
1. ¿A qué hora se levantaba? ¿Y ahora?		
2. ¿Cuánto tiempo tardaba? ¿Y ahora?		
3. ¿Cómo iba? ¿Y ahora?		
4. ¿Qué hacía después de clase? ¿Y ahora?		

1 **C**　🗣 **1**Bの質問を使って自分達の以前と今の生活について話しましょう。Habla con tu compañero utilizando las preguntas de **1**B.

Modelo:

A: ¿A qué hora te levantabas cuando eras estudiante de bachillerato?

B: Cuando era estudiante de bachillerato, me levantaba a las siete, pero ahora me levanto a las siete y media porque vivo más cerca. ¿Y tú?

---

1 **D**　👥 クラスを動き回り、たくさんの人に次のような質問をして空欄に人の名前を書きましょう。誰もいない場合はnadieと書いてください。Muévete por la clase, pregunta y escribe el nombre de un compañero. Si no encuentras a un compañero que haga o hiciera estas cosas, escribe *nadie*.

1. _____ empezó a estudiar español hace tres años.

2. Cuando era estudiante de bachillerato, _____ se levantaba a las 6:00.

3. _____ tarda media hora desde su casa hasta la universidad.

4. _____ iba al instituto en tren.

5. _____ normalmente se levanta a las 8:30.

6. Cuando era estudiante de bachillerato, _____ salía con sus amigos después de clase.

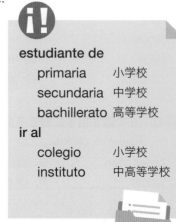

estudiante de
　primaria　　小学校
　secundaria　中学校
　bachillerato　高等学校
ir al
　colegio　　　小学校
　instituto　　中高等学校

何でも近くにあった頃　Todo estaba cerca

2 A 🗣 Elisaが15歳のころかいた地図を見て、何があったかを言いましょう。Mira el plano que dibujó Elisa de su barrio cuando tenía quince años y di qué había.

Modelo:

Había un museo. Había una biblioteca.

2 B 次の文を読んで、正しい答えを選びましょう。
Lee las siguientes frases y elige la opción correcta.

1. La biblioteca estaba cerca de / lejos de la plaza.
2. La librería estaba enfrente de / a la derecha de la biblioteca.
3. El quiosco estaba delante del / a la izquierda del bar.
4. El hotel estaba enfrente del / detrás del colegio.
5. La panadería estaba al lado del / lejos del museo.

2 C 🔊 聞いて確認しましょう。Escucha y comprueba.

enfrente de　正面に
delante de　前に

2 D 🗣 2Aの地図を見て練習しましょう。Mira el plano de 2A y practica.

Sara: ¿Dónde está el museo?
Abel: Sigue recto y gira la segunda a la derecha. El museo está al lado del hotel.

地下鉄で　En el metro

3 A 次の場所に行きたいと思っています。地図で探しましょう。Quieres ir a los siguientes lugares. Búscalos en el mapa.

La Sagrada Familia	El Camp Nou
El parque Güell	La estación de Sants
La plaza de España	La Barceloneta

＊地図の地名はカタロニア語です。
El mapa está en catalán.

3 B 🗣 Plaza de Cataluñaにいます。会話を練習しましょう。Estás en Plaza de Cataluña. Practica.

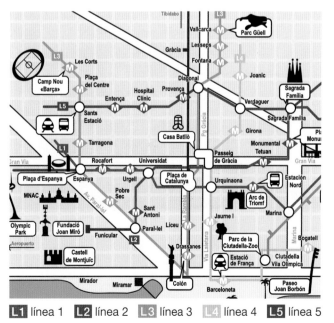

Modelo:

A: Perdona, ¿para ir al Camp Nou?
B: **Toma** la línea 1 y **baja** en Plaza de España. Allí **cambia** a la línea 3 y **baja** en Les Corts.

L1 línea 1　**L2** línea 2　**L3** línea 3　**L4** línea 4　**L5** línea 5

私の町　Mi barrio

4 A 🔊 🔊 👥 2回聞いて、覚えている語や表現をすべて書き出しましょう。グループで話しましょう。
Escucha dos veces. Escribe las palabras que entiendas. Comprueba en grupo.

4 B 🔊 🔊 👥 4 Aの語や表現を表に書きましょう。もう1回聞いて分かったことを付け加えましょう。
Escribe las palabras de 4 A en la tabla. Escucha otra vez y añade nuevas palabras.

	Cuando era estudiante de...	¿Dónde vivía?	¿Qué había en el barrio?	¿Qué hacía?
Jaime				
Sara				

4 C 読んで確認しましょう。 Lee y comprueba.

Cuando era estudiante de primaria, vivía en Lavapiés, un barrio muy antiguo de Madrid. Mi padre me llevaba a los teatros y había muchas librerías donde mi madre me compraba libros. Mi colegio estaba cerca de un parque donde jugaba con mis amigos. Siempre iba andando al colegio. En el barrio también había un mercado donde hacíamos la compra. En mi calle había una farmacia, una papelería, un bar y una heladería.

Cuando era estudiante de secundaria, vivía en el barrio de Miraflores, en Lima. Había muchos edificios altos y muchos hoteles. Desde la ciudad podíamos ver el océano Pacífico. Había un parque muy grande, el parque Central, donde por las tardes jugaba con mis amigos. Los fines de semana iba al centro comercial Larcomar, donde compraba o comía con mi familia. Había un museo que me gustaba mucho, el museo Amano, y una calle donde había muchos bares, restaurantes y discotecas, la calle de las Pizzas.

4 D 🔊 写真を探して記号を書いてから、右と左を結びましょう。聞いて確認しましょう。Busca la foto correspondiente y luego relaciona las dos columnas. Después, escucha y comprueba.

A) César

B) Elena

C) Roberto

1. El teatro Colón, Buenos Aires   a)   jugar con sus amigos por la tarde

2. El parque de la Exposición, Lima   b)   comer con su familia a veces

3. La librería Venecia, La Habana   c)   escuchar conciertos de música clásica

4. El mercado de la Merced, México   d)   ir a menudo para dibujar

5. El museo Picasso, Barcelona   e)   comprar libros

6. El restaurante La Chacra, Montevideo   f)   hacer la compra con su madre

D) Cristina

E) Eduardo

F) Sofía

4 E 👥 **4C**の場所について例のように話しましょう。Practica con tu compañero.

Modelo:

César es argentino. Cuando era estudiante de primaria, vivía en un barrio de Buenos Aires. Cerca de su casa había un teatro, el teatro Colón, donde veía obras de teatro con sus abuelos.

4 F 👥 あなたが以前住んでいた場所について**4C**のような文を書いてからペアの相手に伝えましょう。できるだけ読まないようにしてください。Escribe un texto parecido a los del apartado **4C** sobre el barrio donde vivías cuando eras más joven y preséntalo a tus compañeros. Intenta memorizarlo y leer muy poco.

¿Dónde vivías?
¿Cómo era tu barrio?
¿Qué había en tu barrio?
¿Qué hacías en esos lugares?
¿La escuela estaba cerca? ¿Cómo ibas?

Cuando era estudiante de secundaria vivía en Hiroshima, en un barrio muy tranquilo...

ビデオ

▶️ ビデオを見て、指示に従いましょう。Mira el vídeo y sigue las instrucciones.

A 頻度表現を使って、10年前に自分がやっていたことについての文を書きましょう。Fíjate en las expresiones de frecuencia y escribe una frase sobre cosas que hacías hace diez años.

例) Todos los días <u>tomaba el tren</u>.

1. Siempre _____
2. A veces _____
3. A menudo _____
4. Nunca _____
5. Normalmente _____

B 下の枠内から語を選び文章を完成させましょう。動詞は適切な形に活用させてください。(0.5点×10)
Completa con la forma adecuada de los verbos y con el vocabulario apropiado.

venir	cerca	ver	quedarse	comercial
semana	película	estar	hacer	cosas	ir

El mes pasado ___vinieron___ unos amigos de Barcelona y _____ una _____ en Madrid. _____ en un hotel _____ de mi casa. _____ (nosotros) muchas _____: _____ a un centro _____, _____ una _____ en el cine...

C 次のような場合、スペイン語で何と言いますか。¿Qué dices en las siguientes situaciones?

1. 10年前にどこに住んでいたか聞かれた。Te preguntan dónde vivías hace 10 años.
2. どのような交通機関等で高校に通っていたか聞かれた。Te preguntan cómo ibas al instituto.
3. 10年前に家の近くに何があったか言う。Di qué había cerca de tu casa hace 10 años.
4. 相手にいつスペイン語の勉強を始めたか聞く。Pregunta a tu compañero cuándo empezó a estudiar español.
5. 相手に高校生の頃何時に起きていたか聞く。Pregunta a tu compañero la hora a la que se levantaba cuando era estudiante de instituto.

D 自己評価 Evalúate según el número de respuestas acertadas.

12-15: Muy bien	8-11: Bien	4-7: Regular	0-3: No muy bien

自由
課題   振 り 返 り   Reflexión sobre lo aprendido

1. この課で学んだことをまとめましょう。¿Por qué no haces un resumen sobre lo que has aprendido en esta unidad?
2. 何が1番面白かったですか。他に何か知りたいことはありますか。¿Qué te ha gustado más? ¿Quieres saber algo más?
3. この課の目標を達成しましたか。¿Has logrado los objetivos de la unidad? ¿Eres capaz?

Mi tiempo libre

この課の目標 **Seré capaz de:**

● 過去に行った事柄について話したり、質問したりすることができる。Hablar y preguntar sobre actividades realizadas en el pasado.

● 過去の記述をしたり、原因や結果について表現したりすることができる。Hacer descripciones y expresar causa y consecuencia en el pasado.

● 招待する、また招待を受けたり断ったりすることができる。Hacer, aceptar y rechazar invitaciones.

A ▶️ 🔊 **Nieves**と友人たちとの会話です。ビデオを見て読みましょう。Nieves habla con sus amigos. Mira el vídeo y lee.

1.

Carlos: Hola, Nieves, ¿qué tal?

Nieves: Muy bien. ¿Y tú?

Carlos: Bien. Oye, voy a ir al cine el sábado por la tarde. **¿Vienes?**

Nieves: ¿Al cine? **Vale.**

2.

Juan: Hola, Nieves, ¿qué tal?

Nieves: Muy bien. ¿Y tú?

Juan: Bien. Oye, **¿por qué no** cenamos en un restaurante japonés el sábado?

Nieves: ¿En un restaurante japonés? **Lo siento, no puedo.** Voy a ir al cine con Carlos.

B 👥 書いてグループで発表しましょう。Completa y presenta con tu grupo.

El sábado pasado

1. Carlos fue al _____ con _____.

2. Nieves no _____ en un _____ con Juan.

3. Yo fui a _____ con _____.

C 👥 **A**のような会話をしましょう。最初の誘いを受けて、次の誘いは理由を言って断りましょう。Haz diálogos similares a **A** con tus compañeros. Acepta la primera invitación y rechaza la segunda explicando por qué.

時を表す表現 1: 過去　Marcadores temporales (I): pasado

1 A 今日の日にちと今の時間を書きましょう。Escribe la fecha y la hora actuales.

Hoy es _____ de _____. Son las / Es la _____.

1 B 以下の時を表す表現を参考にして、数字や月等を書きましょう。今の時間や日にちを基準にします。
Toma como referencia la hora y la fecha actuales y completa.

時を表す表現　Marcadores temporales			
ayer anoche anteayer	en 2015 en mayo de 2015 el 4 de mayo de 2015	el domingo (pasado) el verano pasado la semana pasada el mes pasado el año pasado	hace una hora y media hace tres días hace una semana hace dos meses y medio hace un año y medio

lunes	martes	miércoles	jueves	viernes	sábado	domingo	lunes	martes
	hace una semana							hoy

la semana pasada

例）(Hoy es 14 de mayo) hace un mes → el 14 de abril

1. hace dos horas y media → a las _____
2. la semana pasada → del _____ de _____ al _____ de _____
3. el mes pasado → en _____
4. hace dos años → en _____
5. hace un año y medio → en _____ de _____

点過去 4　Pretérito perfecto simple (IV)

2 A 読んで、下線部の動詞の点過去 1 人称単数の活用形を書いてから全文を言いましょう。Lee y escribe la forma de primera persona en singular de los verbos subrayados. Después di toda la frase.

1. trabajar en un restaurante → trabajé
2. llegar tarde a casa →
3. preparar la comida →
4. levantarse pronto →
5. jugar a videojuegos →
6. comer con mi familia →
7. tener un partido de tenis → tuve
8. no salir de casa →
9. pedir carne →
10. dormir la siesta →
11. ir a la universidad →
12. ir de compras →

2 B 🔊 写真に **2 A**の表現の番号を書きましょう。次に聞いてそれぞれのことをした人の名前を書きましょう。Relaciona las acciones de **2 A** con las fotos. Después, escucha y escribe quién hizo las acciones.

a) [1]　b) [ ]　c) [ ]　d) [ ]　e) [ ]　f) [ ]

Sayaka _____ _____ _____ _____ _____

g) ☐   h) ☐   i) ☐   j) ☐   k) ☐   l) ☐

_____   _____   _____   _____   _____   _____

2 C 文章を読んで完成させましょう。Lee los textos y completa.

1. Yuto _____ pronto y _____ a la universidad. _____ un partido de tenis.

2. Sayaka _____ de compras con Yuka por la mañana. _____ con ella y **pidió** carne. Luego de 6 a 12 _____ en un restaurante japonés. _____ muy tarde a casa.

3. Ryotaro no _____ de casa. _____ a videojuegos. Luego _____ la comida y _____ con su familia. **Durmió** un poco la siesta.

2 D 👥 上の3人の誰かになったつもりで例のように質問しながら話しましょう。Tu compañero es una de las tres personas de 2 B. Le preguntas qué hizo. Después, intercambiad los papeles.

Modelo:	
A: ¿Te levantaste pronto?	B: Sí, me levanté pronto.
A: ¿Fuiste a la universidad?	B: Sí, fui a la universidad.

2 E 👥 点過去の活用表を完成させ練習しましょう。Conjuga los verbos en pretérito perfecto simple y practica.

trabajar

trabajé	

comer

salir

pedir

	pedimos
pidió	pidieron

dormir

	dormimos
	dormisteis
durmió	durmieron

tener

tuve	
	tuvisteis

2 F 文を完成させましょう。Completa.

1. A: ¿Vosotros _____ al tenis el sábado?   B: Sí, _____ al tenis.

2. A: ¿_____ tus padres de compras ayer?   B: No, no _____ de casa.

3. A: ¿Quién _____ la comida el domingo?   B: La _____ nosotros.

4. Marta y Luis _____ pronto, por eso después de comer _____ la siesta.

5. La fiesta estuvo muy bien. Pedro y Ana _____ unas pizzas y después nosotros _____ a videojuegos. _____ (yo) a casa muy tarde.

線過去と点過去 2　Pretérito imperfecto y pretérito perfecto simple (II)

3 A 🔊 Robertはアメリカの大学でスペイン語を勉強しています。週末に行ったことの作文を書きました。聞いて読みましょう。 Robert es un estudiante de EE. UU. que estudia español en la universidad. Para la clase escribió sobre lo que hizo el fin de semana pasado. Escucha y lee.

El domingo fui al zoo con mi novia. A ella le encantan los animales. Fuimos en autobús. No pudimos entrar enseguida. Vimos un elefante. Vimos una jirafa. Comimos unos bocadillos que compramos en una tienda. Vimos más animales. Cerraron el zoo. Volví a casa. Lo pasé muy bien.

3 B 🔊 先生は、Robertの作文を良くするために、つなぎの言葉や状況描写等を付け加えました。線過去を使って文章を完成させましょう。聞いて確認しましょう。 La profesora ayuda a Robert a mejorar su texto con algunas frases con nexos, descripciones y situaciones. Completa con imperfecto. Después, escucha y comprueba.

El domingo fui al zoo con mi novia porque ___hacía___ (hacer) buen tiempo. Además, a ella le encantan los animales. _____ (querer) ir a pie, pero fuimos en autobús porque el zoo _____ (estar) un poco lejos. Como _____ (haber) mucha gente en la entrada, no pudimos entrar enseguida. Primero, vimos un elefante que _____ (ser) muy grande y _____ (andar) muy despacio. Después, vimos una jirafa que _____ (ser) muy alta. Comimos unos bocadillos que compramos en una tienda. _____ (estar) muy buenos. Después vimos más animales. Cuando cerraron el zoo, volvimos a casa. Aunque _____ (yo, estar) muy cansado, lo pasé muy bien.

つなぎの言葉

porque	なぜならば	primero	先ず
como	～なので	después	その後で
aunque	～だけれど	además	その上
cuando	～の時		
pero	しかし		

3 C 😊 図を見て線過去と点過去の使い分けを考え、文を書きましょう。 Mira el esquema y forma frases como en el ejemplo.

> Me levanté a las ocho.
> ↓
> Hacía muy buen tiempo.
>
> antes　　　　　　　ahora

例）(yo) ir al zoo con mi novia / porque / hacer buen tiempo
　　→ Fui al zoo con mi novia porque hacía buen tiempo.

1. como / (nosotros) tener mucha hambre / pedir pizza
2. aunque / hacer buen tiempo / (tú) no salir de casa
3. haber mucha gente en el restaurante / pero / (ellos) esperar

現在分詞　Gerundio

4 A 🔊 何をしていますか。適切な動詞を選びましょう。Elige el verbo adecuado.

1. 　　　　　　　　2. 　　　　　　　　3. 　　　　　　　　4. 　　　　　　　　5.

Laura está ＿＿＿＿＿ un mensaje con el ordenador.

Laura está ＿＿＿＿＿ fotos.

Mario no está ＿＿＿＿＿ .

Mario y sus amigas están ＿＿＿＿＿ un vídeo.

Laura y sus amigos están ＿＿＿＿＿ .

| hablando | escribiendo | estudiando | haciendo | viendo |

4 B それぞれの動詞の現在分詞を書きましょう。Completa.

-AR	hablar → hablando	1. estudiar →	2. comprar →
-ER	hacer → haciendo	3. ver →	4. comer →
-IR	escribir → escribiendo	5. vivir →	6. salir →

不規則形　Formas irregulares

4 C 次の動詞の現在分詞を選んで書きましょう。Elige las formas adecuadas y completa.

1. leer → leyendo 　　　 2. pedir → 　　　 3. dormir →

4. venir → 　　　 5. decir → 　　　 6. ir →

| viniendo | pidiendo | diciendo | durmiendo | leyendo | yendo |

4 D 👥 1人がジェスチャーで行動を表現します。他のメンバーは何をやっているか当てましょう。Un compañero expresa con gestos una acción. Averigua con preguntas la acción que expresa tu compañero.

Modelo:

A: ¿Estás haciendo fotos? 　　　　 B: No, no estoy haciendo fotos.

C: ¿Estás estudiando? 　　　　 B: Sí, estoy estudiando.

4 E 動詞estarの線過去の形を入れましょう。Completa con pretérito imperfecto.

yo	_estaba_ durmiendo	nosotros	＿＿＿＿ durmiendo
tú	＿＿＿＿ durmiendo	vosotros	＿＿＿＿ durmiendo
él	＿＿＿＿ durmiendo	ellos	＿＿＿＿ durmiendo

4 F 文章を完成させましょう。Completa.

Anoche llegué a casa a las doce.
Cuando llegué a casa,

mi hermano estaba ＿＿＿＿＿ (dormir) en el baño,
mi hermana ＿＿＿＿＿ ＿＿＿＿＿ (leer),
mi padre ＿＿＿＿＿ ＿＿＿＿＿ (ver) la tele,
mi abuela ＿＿＿＿＿ ＿＿＿＿＿ (bailar) tango,
y ¡mi madre ＿＿＿＿＿ muy enfadada!

自由時間　Tiempo libre

1 A スペイン人に自由な時間を何に使うかについてのアンケートをしました。写真に当てはまる活動の番号を書きましょう。Preguntamos a los españoles en qué suelen emplear su tiempo libre. Relaciona y escribe el número correspondiente en la foto.

a) 10

b) ☐

c) ☐

d) ☐

e) ☐

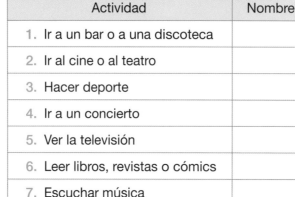

Actividad	Nombre
1. Ir a un bar o a una discoteca	
2. Ir al cine o al teatro	
3. Hacer deporte	
4. Ir a un concierto	
5. Ver la televisión	
6. Leer libros, revistas o cómics	
7. Escuchar música	
8. Navegar por internet	
9. Estudiar	
10. Ir de compras	

f) ☐

g) ☐

h) ☐

i) ☐
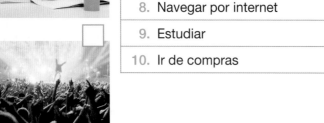

j) ☐

1 B 立ってクラス内を歩き、先週末 1 A のそれぞれのことをした人を1人ずつみつけ、名前を書きましょう。Muévete por la clase, busca un compañero que hizo cada una de las actividades de 1 A el fin de semana pasado y escribe su nombre.

Modelo:

A: ¿Fuiste a un bar o a una discoteca el fin de semana pasado?

B: No, no fui a un bar ni a una discoteca.

A: ¿Hiciste deporte el fin de semana pasado?　　B: Sí, hice deporte. Jugué al tenis.

1 C 聞いて読んでから、1 A の活動についてペアの相手と話しましょう。Escucha y lee. Después practica con tu compañero con las actividades de 1 A.

A: ¿Sabes? El domingo fui al cine.

B: ¿Fuiste al cine? ¡Qué bien! Yo antes iba mucho pero ahora no voy casi nunca.

A: ¿Y tú? ¿Qué hiciste el fin de semana pasado?

B: El sábado leí un libro y vi la televisión.

A: Ah, ¿sí? Yo antes no leía casi nunca pero ahora leo casi todos los días.

恋人との問題　Problemas de pareja

2 A 🔊 🔊 🎧 Laura と Mario は恋人同士です。2つの音声を聞いて、イントネーションに注意し、感情をこめて声を出して読みましょう。Laura y Mario son pareja. Escucha dos versiones, lee y dramatiza el diálogo. Cuida la entonación.

¿Qué tal el fin de semana? ✔✔

Muy bien. <u>Estuve en casa de una amiga.</u>

Te llamé el sábado <u>a las ocho.</u> ✔✔

Perdona, <u>estábamos viendo una película.</u>

¿Y el domingo? ✔✔

Por la mañana hicimos deporte y por la tarde <u>fuimos de compras.</u>

Te llamé <u>a las dos.</u> ✔✔

<u>Estábamos comiendo. Su padre hizo una paella muy buena.</u>

¿Por qué no me llamaste por la noche? ✔✔

Cuando llegué a casa estaba muy cansada. Lo siento.

2 B 🗣 スマホ等を使い、下線部の内容を変えて、**2 A** と同じようなチャットをしましょう。Usad vuestro móvil para enviaros mensajes y escribid un diálogo similar al de **2 A** cambiando las partes subrayadas.

2 C 🗣 それぞれの人が何をしたか、また恋人から電話があったとき何をしていたかを相手に聞きましょう。相手の質問に答えましょう。Pregunta a tu compañero qué hicieron las siguientes personas y qué estaban haciendo cuando las llamaron por teléfono. Contesta a las preguntas.

| Alumno A | | Alumno B → p. 121 |

1. Laura, sábado mañana

2. Mario, domingo noche

Cenar con una amiga en un bar

Tomar café

3. Atziri, viernes noche

4. Silvio, sábado tarde

Trabajar

Enviar un correo electrónico

5. Toñi, domingo tarde

6. Luis, viernes mañana

Pasear por el parque

Desayunar

Modelo:

A: ¿Qué hizo Laura el sábado por la mañana?　　B: Fue de compras.

A: ¿Qué estaba haciendo Laura cuando la llamó su pareja?　　B: Estaba comprando unos zapatos.

映画に行きませんか　¿Por qué no vamos al cine?

3 A 🔊 👥 数回聞いて表を完成させましょう。Escucha varias veces y completa.

	¿Quiénes?	¿Cuándo van a salir?	¿Qué van a hacer?
1.	Carlos y Nieves	El _____ por la _____	Van _____
2.	Elena y Nieves		
3.	Sergio y Carlos		

3 B 読んで確認しましょう。Lee y comprueba.

1. Carlos: Hola, Nieves, ¿qué tal?
   Nieves: Muy bien. ¿Y tú?
   Carlos: Bien. Oye, **¿por qué no** vamos el sábado por la tarde al cine?
   Nieves: ¿Al cine? **Vale.**

2. Elena: Mira, Nieves, tengo dos entradas para un concierto el sábado por la tarde. **¿Vamos juntas?**
   Nieves: ¿El sábado? **Lo siento mucho pero no puedo,** voy a ir al cine con Carlos. Oye, ¿vamos de compras el domingo por la tarde?
   Elena: Genial.

3. Sergio: Carlos, **¿qué te parece si** vamos al fútbol el sábado? Juega el Real Madrid con el Valencia.
   Carlos: ¿El sábado? No puedo. ¿Vamos al partido del Atlético el domingo?
   Sergio: Muy bien.

3 C 🔄 土曜日にやりたいことを1つ考えましょう。クラス内を歩き皆を誘います。だれかが承諾するまで続けましょう。もともと考えていたのと同様の誘いしか承諾できません。次に日曜日について同様に話しましょう。Piensa una actividad que quieres hacer el sábado y otra diferente para el domingo. Muévete por la clase e invita a tus compañeros para el sábado. Solamente puedes aceptar si quieres hacer la misma actividad. Busca a otro compañero para el domingo.

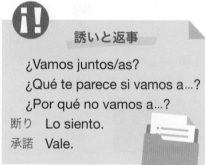

i! 誘いと返事

¿Vamos juntos/as?
¿Qué te parece si vamos a...?
¿Por qué no vamos a...?
断り Lo siento.
承諾 Vale.

3 D 🗣 週末が過ぎたと想定し過去形で自分がやったことについて話しましょう。Imagina que ya ha pasado el fin de semana y di a tus compañeros qué hiciste, cuándo y con quién.

Modelo:
El sábado por la tarde fui al cine con Mika y el domingo por la mañana jugué al tenis con Ken.

夜に出かける　Salir por la noche

4 A バルセロナの若者の夜についてのアンケートの結果を読みましょう。Lee la siguiente encuesta sobre el ocio nocturno de los jóvenes en Barcelona.

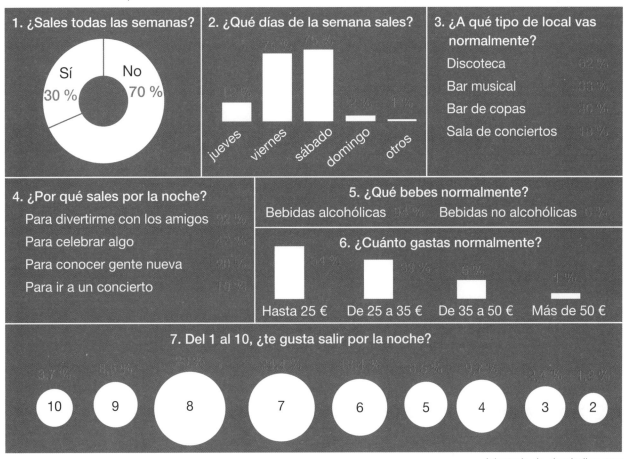

Adaptado de elperiodico.com

4 B 4Aの質問を、先週のことを聞く表現に変えましょう。 Transforma las preguntas de 4A para hablar de la semana pasada.

1. ¿Sales todas las semanas?　→ *¿Saliste la semana pasada?*
2. ¿Qué días de la semana sales?
3. ¿A qué tipo de local vas normalmente?
4. ¿Por qué sales por la noche?
5. ¿Qué bebes normalmente?
6. ¿Cuánto gastas normalmente?
7. Del 1 al 10, ¿te gusta salir por la noche?

4 C 4Aと4Bの質問を練習しましょう。結果を言いましょう。Practica las preguntas de 4A y 4B. Después, comparte los resultados.

Modelo:

En nuestro grupo somos Yusuke, Ruri, Daiki y yo. A Yusuke le gusta mucho salir, pero la semana pasada no salió. Ruri sale normalmente los viernes y el viernes pasado fue a un restaurante con sus amigas. Daiki casi nunca bebe bebidas alcohólicas, pero el sábado pasado bebió un poco. Yo generalmente salgo para divertirme con los amigos.

ビデオ

▶ ビデオを見て、指示に従いましょう。Mira el vídeo y sigue las instrucciones.

A 写真の事柄について **yo** を主語として文を書きましょう。時を表す表現を付け加えてください。Fíjate en las fotos, añade un marcador temporal y escribe qué hiciste.

例)　　　　　　1.　　　　　　2.　　　　　　3.　　　　　　4.　　　　　　5.

例)　Ayer fui a un bar.

1. _____.

2. _____.

3. _____.

4. _____.

5. _____.

B それぞれの質問に異なる動詞を使って答えましょう。Contesta con un verbo diferente en cada respuesta.

1. ¿Qué haces todas las noches?

2. ¿Qué estás haciendo ahora?

3. ¿Qué hiciste ayer?

4. ¿Qué estabas haciendo cuando te llamé?

5. Cuando eras pequeño, ¿qué hacías en tu tiempo libre?

C 次のような場合、スペイン語で何と言いますか。¿Qué dices en las siguientes situaciones?

1. 金曜日に映画に行きたいか聞かれた。Te preguntan si quieres ir al cine el viernes.

2. 昨日の 21 時に何をしていたか聞かれた。Te preguntan qué estabas haciendo ayer a las 21:00.

3. 次の日曜日に何かをするために相手を誘う。Invita a tu compañero a hacer algo este domingo.

4. 週末に何をしたか言う。Di qué hiciste el fin de semana.

5. 先週（楽しむために）外出したかどうか相手に聞く。Pregunta a tu compañero si salió la semana pasada.

D 自己評価　Evalúate según el número de respuestas acertadas.

12-15: Muy bien　　　8-11: Bien　　　4-7: Regular　　　0-3: No muy bien

自由課題　振 り 返 り　Reflexión sobre lo aprendido

1. この課で学んだことをまとめましょう。¿Por qué no haces un resumen sobre lo que has aprendido en esta unidad?

2. 何が 1 番面白かったですか。他に何か知りたいことはありますか。¿Qué te ha gustado más? ¿Quieres saber algo más?

3. この課の目標を達成しましたか。¿Has logrado los objetivos de la unidad? ¿Eres capaz?

Mi último viaje

この課の目標　Seré capaz de:

● 過去の旅行について、質問したり話したりすることができる。Hablar y preguntar sobre un viaje realizado en el pasado.

● 旅行した時の色々な状況について話し、場所について記述することができる。Hablar de las circunstancias del viaje y describir lugares.

● 旅行に関して人に何かを勧めることができる。Hacer recomendaciones sobre viajes.

A 　ÁngelaとMarioがこれまでの旅行について話しています。ビデオを見て読みましょう。 Ángela y Mario hablan de su viaje. Mira el vídeo y lee.

1. Ángela
En verano fui a Guatemala con mi familia. Estuvimos una semana. Visitamos la ciudad de Antigua y vimos el volcán de Agua. Fue un viaje muy divertido.

2. Mario
En marzo fui a Costa Rica. Estuve cinco días. Visité San José y la catarata del río Celeste. La gente era muy amable. ¡Quiero ir otra vez!

B 　文章を完成させましょう。Completa las frases.

Ángela fue a _____ con _____ en _____. Estuvieron _____.
Fue un viaje _____. Mario _____ a Costa Rica en _____. _____
San José. La gente _____ muy amable.

C 　携帯電話等に一番最近の旅行の写真を持っていますか。相手に見せてどこに行ったかを言い、その他のことを付け加えましょう。 ¿Tienes alguna foto de tu último viaje en tu móvil? Enséñasela a tu compañero, dile a dónde fuiste y cuéntale algún dato más.

点過去 5 Pretérito perfecto simple (V)

1 🔊 夏に何をしましたか。聞いて完成させましょう。 ¿Qué hicisteis en verano? Escucha y completa.

Yo tuve _____ de vacaciones. Fui a Ciudad de México con mis amigos. Estuvimos _____. Hizo buen tiempo. Fue un viaje estupendo.

Mis padres y yo siempre vamos a casa de mis abuelos en verano. Estuvimos _____ en Jaén. Hizo mucho calor, pero lo pasamos muy bien.

2 A 🗣 どのくらいの期間滞在したか、día, semana, mes という語を使い練習しましょう。 ¿Cuánto tiempo estuviste? Practica con tu compañero. Usa *día, semana* o *mes*.

例) yo / Bogotá / del 1 de mayo al 31 de mayo → Estuve un mes en Bogotá.

1. nosotros / Buenos Aires / del 15 de julio al 29 de julio →

2. María / Lima / del 1 de septiembre al 31 de octubre →

3. mis amigos / San Salvador / del 1 de agosto al 5 de agosto →

2 B 下の表を参考に 2 A のそれぞれの場所の天気とどのように過ごしたかについて書きましょう。 Completa con el tiempo de cada lugar y qué tal fue el viaje.

Hizo	muy	mal	tiempo.
		buen	
	mucho un poco de	calor.	
		frío.	
		sol.	
		viento.	
Llovió Nevó	mucho. un poco.		

| Fue un viaje | interesante. estupendo. divertido. aburrido. |
| Lo pasé / pasaste... | fenomenal. muy bien. mal. |

		¿Qué tiempo hizo?		¿Qué tal el viaje?	
例)	yo Bogotá	👍 ☀	Hizo buen tiempo.	estupendo	Fue un viaje estupendo.
1.	nosotros Buenos Aires	🌡 mucho		fenomenal	
2.	María Lima	🌧 un poco		interesante	
3.	mis amigos San Salvador	👍❌		muy bien	

2 C 2 A と 2 B の情報を使って、それぞれの場所について例のように書きましょう。 Escribe frases con la información de 2 A y 2 B.

Yo fui a Bogotá el uno de mayo. Estuve un mes. Hizo buen tiempo. Fue un viaje estupendo.

3 A 👥 ペアの相手と話して表を完成させましょう。 Habla y completa la tabla.

Alumno A				Alumno B → p.122
	¿Cuántos días de vacaciones tuvo/tuvieron?	¿A dónde fue/fueron?	¿Cuánto tiempo estuvo/estuvieron?	¿Qué tal el viaje?
1. Miguel				
2. Pilar	un mes	Caracas	dos semanas	pasarlo muy bien
3. Pedro y Juan				
4. Ana y Raquel	una semana	Managua	cinco días	interesante

3 B 点過去の活用表を完成させましょう。 Conjuga los verbos en pretérito perfecto simple.

tener

tuviste	
	tuvieron

estar

estuvo	

pasar

	pasamos
pasó	pasaron

3 C 👥 右の図を見ながら下の文の estuve と estaba の意味の違いを話し合いましょう。 Lee los ejemplos. ¿Qué diferencia hay entre *estuve* y *estaba*?

Estuve **dos meses** en Perú.

Cuando estaba en Perú, fui a Machu Pichu.

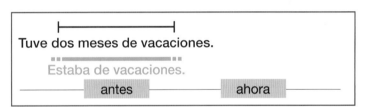

Tuve dos meses de vacaciones.

Estaba de vacaciones.

antes   ahora

線過去と点過去3 　Pretérito imperfecto y pretérito perfecto simple (III)

4 A 写真に当てはまる表現の番号を書きましょう。 Relaciona.

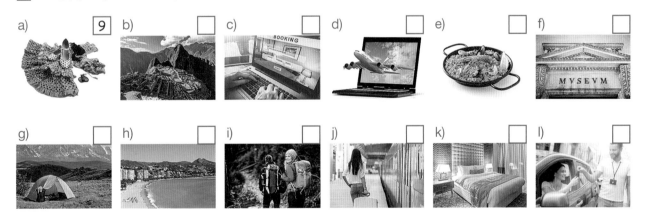

a) [9]　b) [ ]　c) [ ]　d) [ ]　e) [ ]　f) [ ]

g) [ ]　h) [ ]　i) [ ]　j) [ ]　k) [ ]　l) [ ]

1. reservar el hotel por internet
2. comprar el billete de avión
3. alojarse en un hotel
4. hacer *camping*
5. visitar monumentos históricos
6. visitar museos
7. viajar en tren
8. alquilar un coche
9. ponerse la ropa típica
10. probar la comida típica
11. hacer senderismo
12. bañarse en el mar

4 B 👤 **4**Aの動詞の点過去の活用を練習しましょう。Practica la conjugación en pretérito perfecto simple de los verbos de **4**A.

4 C 👤👥 **4**Aの中から行ったことを６つ選びペアの相手と話しましょう。次にペアの相手と共通で行ったことについて別のペアと話しましょう。Elige seis cosas de **4**A que hiciste y habla con tu compañero. Después habla con otra pareja sobre las cosas que hicisteis los dos.

Modelo 1:	Modelo 2:
A: ¿Reservaste el hotel por internet?	A: ¿Os alojasteis en un hotel?
B: Sí, reservé el hotel por internet.	B: No, no nos alojamos en un hotel.
¿Y tú?	¿Y vosotras?
A: Yo también. / Yo no.	A: Nosotras sí. / Nosotras tampoco.

4 D 🔊 旅行中予定通りできなかったことがたくさんありました。右と左を結び文を完成させましょう。聞いて確認しましょう。Completa las frases relacionando las dos columnas. Escucha y comprueba.

1. Quería viajar en tren, pero no pude   a) porque estaba cerrado.
2. Quería visitar el museo que me recomendaste, pero no pude   b) porque hacía muy mal tiempo.
3. Quería probar la comida típica, pero no pude   c) porque era muy caro.
4. Quería bañarme en el mar, pero no pude   d) porque no había billetes.
5. Quería alojarme en un hotel muy bueno, pero no pude   e) porque estaba enferma.

4 E 🔊 もちろんできたこともたくさんあります。適切な動詞を点過去で書き、右と左を結びましょう。聞いて確認しましょう。Completa la primera columna con verbos en pretérito perfecto simple y relaciona. Escucha y comprueba.

1. _Compré_ el billete de avión por internet.   a) Me gustó mucho dormir en el campo.
2. Un día _____ camping.   b) Eran impresionantes.
3. _____ un coche.   c) Hizo mucho calor.
4. _____ dos museos muy importantes.   d) Fue muy fácil.
5. _____ senderismo.   e) Viajé por todo el país.

4 F 👥 図を見て、点過去と線過去がどのような場合に使われるのか考えましょう。Mira el esquema y habla de cuándo se usa cada tiempo verbal.

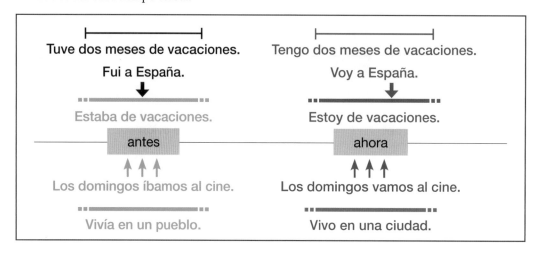

4 **G** 適切な形を選び文章を完成させましょう。Elige la opción correcta.

1. Ana *fue / iba* a la montaña para hacer *camping*, pero no *sale / salió* del coche porque *hace / hacía* muy mal tiempo.

2. *Estuve / Estaba* cuatro días en Buenos Aires. *Hice / Hizo* muy buen tiempo y las personas *eran / éramos* muy amables. Lo *pasaba / pasé* fenomenal.

命令 3: tú　Imperativo (III): *tú*

5 旅行に行く前に友人がいろいろとアドバイスをくれました。図を見ながら命令形を書きましょう。Antes del viaje tu amigo te dio varios consejos. Fíjate en el esquema y reescribe las frases.

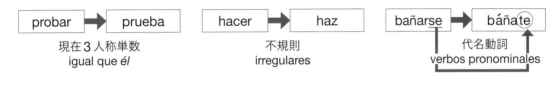

probar ➡ prueba	hacer ➡ haz	bañarse ➡ báñate
現在3人称単数 igual que *él*	不規則 irregulares	代名動詞 verbos pronominales

Te recomiendo...　　　　　　　**Imperativo *tú***

1. reservar el hotel por internet.　　Reserva el hotel por internet.
2. probar la comida típica.　　　　_____
3. comprar el billete de avión por internet.　_____
4. hacer senderismo.　　　　　　_____
5. ponerte la ropa típica.　　　　Ponte _____
6. alojarte en un hotel.　　　　　_____
7. bañarte en la playa.　　　　　_____

直接目的語と間接目的語　Complemento directo e indirecto

6 図を見て文を完成させましょう。Mira el esquema y completa.

Yo te recomiendo reservar el hotel.

主語 yo
動詞 recomiendo
直接目的語 reservar el hotel
te
間接目的人称代名詞

me
te
le
nos
os
les

Yo reservo el hotel. → Yo lo reservo.

主語 yo
動詞 reservo
直接目的語 el hotel
lo
直接目的人称代名詞

me
te
lo / la
nos
os
los / las

1. A: ¿Qué _____ recomiendas (a mí)?
   B: _____ recomiendo hacer *camping*.
2. A: ¿Qué comida _____ recomiendas a John?
   B: _____ recomiendo probar la paella.
3. Nuestro profesor _____ recomendó (a nosotros) ir a Perú.
4. _____ recomendamos (a ellos) alojarse en un hotel.

5. A: ¿Compraste los billetes de avión?
   B: Sí, _____ compré.
6. A: ¿Tus amigos probaron la paella?
   B: Sí, _____ probaron en un restaurante en Valencia.
7. A: ¿Te visitaron tus amigos en las vacaciones?
   B: Sí, _____ visitaron en agosto.

〜へ旅行をした Fui de viaje a...

1 A 🔊 右と左を結びましょう。聞いて確認しましょう。Relaciona.
Después, escucha y comprueba.

1. ¿A dónde fuiste en verano? •
2. ¿Con quién fuiste? •
3. ¿Cuánto tiempo estuviste? •
4. ¿Qué hiciste? •
5. ¿Qué tal el viaje? •

a) Con mis amigos.
b) Cuatro días.
c) A Barcelona.
d) Fue un viaje muy divertido.
e) Vi un partido de fútbol y visité la Sagrada Familia y el parque Güell.

1 B 👥 それぞれの人の旅行について質問し聞いた情報を書きましょう。相手の質問に答えましょう。
Pregunta sobre el viaje de estas personas y escribe la información. Contesta.

| Alumno A | Alumno B → p. 122 |

1. Laura, en verano

•
•
•
•
•

2. Mario, en las vacaciones de Navidad

• A Cancún, en México
• Con su novia
• Siete días
• Bañarse en el mar
• Pasarlo muy bien

3. Silvio, en febrero
• A Bolivia
• Con su familia
• Seis días
• Comprar en los mercados y probar la comida típica
• Un viaje interesante

4. Toñi, el fin de semana pasado

•
•
•
•
•

1 C 👥 クラスメート2人に春どこに行ったかを質問しましょう。相手の質問に答えましょう。Pregunta a
dos compañeros sobre las vacaciones de primavera como en **1 A**.

旅行の計画 Planeamos un viaje

2 A 写真の世界遺産がどこにあるか言いましょう。
Relaciona y di dónde están.

1. El glaciar Perito Moreno
2. Cartagena
3. Las islas Galápagos
4. Rapa Nui

a) Ecuador
b) Chile
c) Argentina
d) Colombia

1.
2.
3.
4.

Modelo:

A: Yo creo que el glaciar Perito Moreno está en Ecuador.   B: Yo creo que está en Chile.

2 B 🗣 スペイン語圏で、他に行ってみたい世界遺産があります か。スマホ等で写真を探し、クラスメートに見せながら話 しましょう。¿Qué otros lugares Patrimonio de la Humanidad o ciudades del mundo hispano te gustaría visitar? Busca una foto en tu móvil, muévete por la clase y enséñasela a tus compañeros.

Modelo:

Me gustaría visitar el salar de Uyuni. Está en Bolivia. Mira.

2 C ホテル等の情報を読み、質問に答えましょう。Lee y contesta.

Hostal *María*	Albergue *Buenos Días*	Hotel *Gran Ciudad*
Habitación individual: 50€	Habitación compartida (hasta ocho personas): 25€	Habitación individual: 90€
Habitación doble: 80€	Baño compartido.	Habitación doble: 150€
Desayuno: 6€ por persona.	Wifi en sala común, cocina.	Desayuno: 10€ por persona.
Cafetería, wifi.		Restaurante, piscina, wifi.

1. En el hostal y en el hotel, ¿el precio es por persona o por habitación?
2. En el albergue *Buenos Días*, ¿puedes usar wifi en la habitación?
3. No tienes mucho dinero y puedes dormir con otras personas. ¿Qué alojamiento seleccionas?
4. No tienes mucho dinero, pero prefieres tener el baño en tu habitación. ¿Dónde te alojas?

2 D 🔊 加奈はスペイン旅行を計画していてビデオ電話でスペイン人の友人のSaraと話しています。聞い て読みましょう。Kana quiere viajar a España. Habla por teléfono con una amiga española, Sara. Escucha y lee.

Sara: Hola, Kana. ¿Qué tal?	Sara: Entonces, os recomiendo también viajar a Granada. Y podéis visitar otra ciudad, por ejemplo Santiago.
Kana: ¡Muy bien! ¿Sabes? En las vacaciones de primavera quiero viajar por España.	
Sara: ¡Qué bien! ¿Cuánto tiempo vas a estar?	Kana: Genial. Y ¿nos recomiendas algún hotel?
Kana: Diez días aproximadamente.	Sara: Sí, claro. Por ejemplo, en Granada os recomiendo el hotel *Gran Ciudad*. Es muy bueno y está en el centro.
Sara: ¿Y qué quieres hacer?	
Kana: Pues no lo sé muy bien. Me interesa mucho el arte y el deporte.	Kana: Ya. Pero no tenemos mucho dinero.
Sara: Entonces, visita Madrid. Es una ciudad fascinante donde puedes ver museos y un partido de fútbol.	Sara: Entonces, os recomiendo el albergue *Buenos Días*. Es muy barato. Y podéis conocer a muchos estudiantes de otros países.
Kana: ¡Qué bien! Ah, voy a ir con una amiga. Le gusta mucho el mar y también quiere ver monumentos históricos.	Kana: ¡Estupendo!

2 E 🗣 2Dを練習しましょう。Saraや加奈の役になり、同じような会話をしましょう。2A, 2B, 2C の情報を使いましょう。Practica 2D. Habla con tu compañero representando el papel de Sara o de Kana. Usa la información de 2A, 2B y 2C.

最近の休暇　Las últimas vacaciones

3 A 加奈と先生は休暇の後で旅行について話しています。先生の質問、加奈の答えとコメントを結びましょう。Después de las vacaciones, Kana y su profesor hablan del viaje. Relaciona las preguntas del profesor con las respuestas y los comentarios de Kana.

Pregunta	→	Respuesta	+	Comentario
1. ¿A dónde fuiste en tus últimas vacaciones?		En marzo.		Somos muy buenas amigas y nos gusta viajar juntas.
2. ¿Cuándo fuiste?		Con mi amiga Yuki.		No quería ir en verano porque hace mucho calor en España.
3. ¿Cómo fuiste?		En avión, claro.		Me gusta mucho el español y quería conocer más la cultura.
4. ¿Con quién fuiste?		A España.		Y en España viajé en tren y en autobús.

Pregunta	Respuesta	Comentario
5. ¿Estuvisteis mucho tiempo?	En hostales y albergues.	Eran muy baratos y bastante cómodos.
6. ¿Qué hicisteis en España?	No mucho. Diez días.	Visitamos museos y también... ¡vimos un partido de fútbol!
7. ¿Dónde os alojasteis?	¡Muchas cosas!	Queríamos estar más tiempo, pero no teníamos dinero.

Pregunta	Respuesta	Comentario
8. ¿Y el tiempo? ¿Hacía mucho frío en marzo?	En general, muy amable.	¡Quiero ir otra vez para conocer a más gente!
9. ¿Qué tal la comida?	No mucho.	Cuando llegamos, hacía frío, pero después hizo buen tiempo.
10. ¿Y la gente? ¿Cómo era?	Estaba muy rica.	Me gustaron mucho las tapas y la paella que comí en Valencia.

3 B 🔊 聞いて確認しましょう。Escucha y comprueba.

3 C 🗣 **3 A** を見ないで加奈の言ったことについて覚えていることを1つ言いましょう。順に言っていき、何も言えなくなった方が負けです。Sin mirar **3 A**, tienes que decir una frase con la información de Kana. Pierde quien no recuerde más información.

> **Modelo:**
> A: En las vacaciones Kana fue a España.
> B: Sí, fue a España porque le gusta mucho el español.
> A: Fue a España en avión y allí viajó en tren y en autobús.

4 A 🔊50 加奈のスペイン旅行の作文です。聞いて読みましょう。内容と合っていればVに、違っていれば Fに○をつけましょう。 Kana escribe sobre su viaje a España. Escucha y lee. ¿Verdadero (V) o Falso (F)?

Mi viaje a España

En las vacaciones de primavera fui a España con mi amiga Yuki. Nosotras estudiamos español en la universidad y queríamos conocer más la cultura española. No teníamos mucho dinero, por eso estuvimos solamente diez días. Cuando llegamos a España hacía frío, pero después hizo buen tiempo. En Madrid visitamos museos. En Granada hicimos muchas fotos de la Alhambra y en Barcelona vimos un partido de fútbol. En todas las ciudades probamos la comida española. ¡La paella que comí en Valencia me gustó muchísimo! Nos alojamos en hostales y en un albergue donde conocimos a muchos estudiantes europeos. También fui de compras y compré muchas cosas para mí, y regalos para mi familia y para mis amigos. Pude practicar mucho español. Fue un viaje estupendo. ¡Voy a viajar a España otra vez muy pronto!

1. Habló español en el viaje.　　　　(V / F)
2. Visitó tres ciudades.　　　　　　　(V / F)
3. Hizo buen tiempo todo el viaje.　　(V / F)
4. En España compró regalos.　　　　(V / F)

4 B 🔊51 加奈は友人のRobertoにスペインで買ったお土産を見せています。聞いて表を埋めましょう。 Kana le enseña a su amigo Roberto los regalos que compró en España. Escucha y completa la información.

1.	botella de aceite de oliva	• En Granada. • A su padre. • Le gusta mucho cocinar.	2.	CD de música española	• • •
3.	camisetas de fútbol	• • •	4.	dulces españoles	• • •

4 C 👥 聞き取った情報について話し確認しましょう。 Comprueba con tu compañero.

Modelo:

A: ¿Dónde compró Kana la botella de aceite de oliva?　　B: La compró en Granada.
A: ¿A quién se la compró?　　B: Se la compró a su padre porque le gusta mucho cocinar.

5 A 👥 3Aのような質問をしながら旅行について話しましょう。答える時は何かコメントを付け加えて ください。 Habla con tu compañero sobre un viaje. Practica las preguntas de 3A y añade comentarios.

5 B 話したことを4Aのように作文しましょう。 Escribe una composición como la de 4A.

ビデオ

▶️ ビデオを見て、指示に従いましょう。 Mira el vídeo y sigue las instrucciones.

A 写真を見て、最近の旅行であなたが何をしたか文を書きましょう。Fíjate en las fotos y escribe qué hiciste en tu último viaje.

例)　　　　1.　　　　2.　　　　3.　　　　4.　　　　5.

例) Compré el billete de avión.

1. _____.

2. _____.

3. _____.

4. _____.

5. _____.

B 疑問詞を入れて質問を完成させてから、質問に答えましょう。答えの文は動詞を含むものにしてください。Completa con un interrogativo y contesta a las preguntas. Incluye el verbo en las respuestas.

例) A: ¿A _dónde_ fuiste en tus últimas vacaciones?　　B: Fui a Okinawa.

1. A: ¿Con _____ fuiste?　　　　　　B: _____.

2. A: ¿_____ tiempo estuviste?　　　B: _____.

3. A: ¿_____ tiempo hacía?　　　　　B: _____.

4. A: ¿_____ era la comida?　　　　　B: _____.

5. A: ¿_____ tal el viaje?　　　　　　B: _____.

C 次のような場合、スペイン語で何と言いますか。¿Qué dices en las siguientes situaciones?

1. 夏に何をしたか聞かれた。Te preguntan qué hiciste en verano.

2. スペイン語圏でどの場所に行ってみたいかを聞かれた。Te preguntan qué lugar del mundo hispano te gustaría visitar.

3. あなたの住んでいる町で何をやればいいか友人に勧める。Recomienda a un amigo algo para hacer en tu ciudad.

4. 最近の旅行で、天気はどうだったか相手に聞く。Pregunta a tu compañero sobre el tiempo que hacía en su último viaje.

5. 最近の旅行で、訪問した場所がどこで、どのようだったか言う。Di qué visitaste en tu último viaje y cómo era ese lugar.

D 自己評価　Evalúate según el número de respuestas acertadas.

12-15: Muy bien　　　8-11: Bien　　　4-7: Regular　　　0-3: No muy bien

自由課題　振り返り　Reflexión sobre lo aprendido

1. この課で学んだことをまとめましょう。¿Por qué no haces un resumen sobre lo que has aprendido en esta unidad?

2. 何が1番面白かったですか。他に何か知りたいことはありますか。¿Qué te ha gustado más? ¿Quieres saber algo más?

3. この課の目標を達成しましたか。¿Has logrado los objetivos de la unidad? ¿Eres capaz?

Alimentación

この課の目標　Seré capaz de:

● 食習慣について話すことができる。Hablar de los hábitos relacionados con la alimentación.

● 近い過去の経験や行為について、質問したり話したりすることができる。Preguntar y hablar de experiencias y de acciones realizadas en un pasado cercano.

● 料理の材料について話したり、人に勧めたりすることができる。Hablar de qué lleva un plato y recomendarlo.

A ▶ 🔊 RamónとAna Maríaが好きな食べ物の話をしています。ビデオを見て読みましょう。Ramón y Ana María hablan de su comida favorita. Mira el vídeo y lee.

1. Ramón

¡Esta mañana he desayunado buñuelos! Los ha preparado mi madre porque hoy es mi cumpleaños.
Los he comido con chocolate caliente.

2. Ana María

¿Has probado alguna vez los tequeños? Son una comida popular en Venezuela y Colombia. Dentro llevan queso blanco.

B 👥 スペイン語圏の他の料理を知っていますか。名前と国を言いましょう。¿Conoces otras comidas del mundo hispano? Di el nombre y de dónde son.

C **A**と同じような文章を作りましょう。次の表現で始めてください。Haz frases similares a las de **A**. Empieza con estas expresiones.

| Hoy he desayunado / he comido... | ¿Has probado alguna vez...? |

現在完了　Pretérito perfecto compuesto

1 A それぞれの地域の名前を下から選んで書きましょう。Escribe los nombres.

a) _____ b) _____ c) _____ d) _____ e) _____

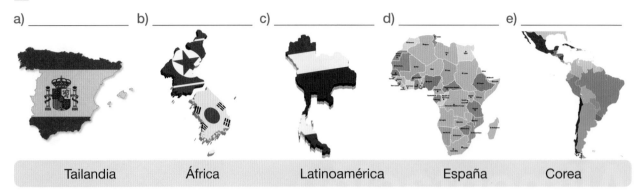

| Tailandia | África | Latinoamérica | España | Corea |

1 B それぞれの場所に行ったことがあるかどうか、話しましょう。Habla con tu pareja.

Modelo:

A: ¿Has estado alguna vez en Tailandia?

B: Sí, he estado una vez / dos veces / tres veces / muchas veces.　¿Y tú?

A: Yo no. No he estado nunca en Tailandia.

1 C 1Bのように日本のどこかの場所について話し、2人とも行ったことのある場所をみつけましょう。
Habla como en 1B sobre algunos lugares de Japón y encuentra un lugar donde habéis estado los dos.

1 D 1Cの場所について他のペアと話しましょう。Habla con otra pareja sobre los lugares de 1C.

Modelo 1:

A: Nosotros hemos estado en Kioto.
　¿Habéis estado en Kioto también?

B: Sí, yo he estado en Kioto.

C: Yo también. / Yo no.

Modelo 2:

A: Nosotros hemos estado en Kioto.
　¿Habéis estado en Kioto también?

B: No, nunca he estado en Kioto.

C: Yo sí. / Yo tampoco.

1 E 話した内容をクラスで紹介しましょう。
Presenta en clase.

Modelo:

Takuya y yo hemos estado en Okinawa.
Kimi también ha estado una vez pero
Hiroki no. Hiroki y Kimi han estado
muchas veces en Hakone.

> Yo no he estado en Kioto nunca. = Yo nunca he estado en Kioto.

1 F 現在完了の活用表を完成させましょう。Conjuga en pretérito perfecto compuesto.

estar

yo	he estado	nosotros / nosotras	
tú		vosotros / vosotras	
usted, él / ella		ustedes, ellos / ellas	

2 A 過去分詞の規則形を書きましょう。Escribe las formas regulares de participio pasado.

-AR	hablar → hablado	1. estar →	2. trabajar →	3. viajar →
-ER	comer → comido	4. ser →	5. tener →	6. vender →
-IR	vivir → vivido	7. ir →	8. salir →	9. vestir →

2 B 動詞の意味を確認し、過去分詞の不規則形を枠から選んで書きましょう。¿Sabes qué significan estos verbos? Relaciona y escribe las formas irregulares del participio pasado.

1. abrir → abierto
2. freír →
3. decir →
4. escribir →
5. hacer →
6. poner →
7. romper →
8. ver →
9. volver →

> abierto   dicho   hecho   frito   vuelto   puesto   roto   escrito   visto

2 C 現在完了の活用表を完成させましょう。Conjuga en pretérito perfecto compuesto.

levantarse

me he levantado	
te has levantado	
	se han levantado

ponerse

	os habéis puesto
se ha puesto	

2 D 2A, B, Cの動詞の活用を練習しましょう。Practica la conjugación de los verbos de 2A, B y C.

3 A 図を見て答えましょう。Mira el esquema y contesta.

1. A: ¿Rafael ha probado la paella?
   B: Sí, la ha probado.
2. A: ¿Dónde la ha probado?
   B: _____
3. A: ¿Cuándo la ha probado?
   B: _____

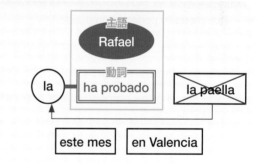

Rafael ha probado la paella en Valencia.
→ Rafael la ha probado en Valencia.

主語 Rafael
動詞
la — ha probado   la paella
este mes   en Valencia

3 B 次の文が答えになるような質問を書きましょう。
Escribe las preguntas.

1. A: ¿Cristina ha probado los tacos?   B: Sí, los ha probado.
2. A: _____   B: Los ha probado esta semana.
3. A: _____   B: Los ha probado con sus amigos.
4. A: _____   B: Los ha probado en un restaurante mexicano.

3 C モデルのように話しましょう。料理の名前は日本語でもかまいません。Habla como el modelo. Puedes decir el nombre del plato en japonés.

Modelo:

A: ¿Has probado alguna vez el *okonomiyaki* de Hiroshima?
B: Sí, lo he probado una vez. ¿Y tú?
A: Yo no lo he probado nunca.

3 D 👥 他のペアと話しましょう。 Habla con otras parejas.

Modelo:

A: Nosotros hemos probado el *okonomiyaki* de Hiroshima. ¿Y vosotros? ¿Lo habéis probado?

B: No, yo no lo he probado.   C: Yo sí lo he probado.

ya と todavía   *ya* y *todavía*

4 A 🔊 動詞を選び現在完了形を使って完成させましょう。聞いて、完成させましょう。 Completa con los verbos del recuadro en pretérito perfecto compuesto. Escucha y comprueba.

1.
🕐 a.m.

Padre: **¿Todavía** está durmiendo Javi?
Madre: No, **ya** _____
        y está desayunando cereales.
        Hoy tiene que salir pronto.

2.
🕖 p.m.

Madre: ¿Maya _____ **ya**?
Padre: No, **todavía** no _____.
        _____ por teléfono para
        decir que va a cenar con sus amigos.

levantarse   llamar   venir (2)

4 B ya か todavía のいずれかを入れて文を完成させましょう。 Completa con *ya* o *todavía*.

1. A: ¿Has visto _____ esta película?   B: No, _____ no la he visto.

2. A: ¿ _____ no habéis terminado los deberes?   B: Sí, yo _____ los he terminado.

3. A: ¿ _____ te has lavado los dientes?   B: Sí, _____ me los he lavado.

時を表す表現 2：現在完了 Marcadores temporales (II): pretérito perfecto compuesto

5 A 文を読んで、現在完了が使われる時を表す表現を完成させましょう。 Lee y completa la tabla de marcadores de pretérito perfecto compuesto.

1. Ayer cené mucho, así que esta mañana no he desayunado.

2. El curso empezó en abril y este mes he tenido tres exámenes.

3. Hace cinco años empecé a estudiar inglés, y este año he empezado a estudiar chino.

> hoy,
> esta _____,
> esta tarde, esta noche
> esta semana, este _____,
> este _____

5 B 現在完了を使って文を書き換えましょう。 Reescribe la frase usando pretérito perfecto compuesto.

例) Anoche llegué a casa después de las once.

   → esta noche   Esta noche he llegado a casa después de las once.

1. Ryosuke fue por primera vez al extranjero el año pasado.

   → este año

2. Ayer vinieron unos amigos a casa y yo preparé la comida.

   → hoy

3. Este es el edificio que terminaron hace dos meses.

   → este mes

4. Mi madre y yo aprendimos a cocinar un plato nuevo el jueves pasado.

   → hoy

5. El paquete llegó hace una semana.

   → esta semana

だから

por eso
así que

過去完了　Pretérito pluscuamperfecto

6 A 🔊 里穂が行ったことを、点過去を使って書きましょう。次に a)〜c) と結びましょう。聞いて確認しましょう。Escribe con pretérito perfecto simple las cosas que hizo Riho. Luego, relaciona con a), b), o c). Escucha y comprueba.

1. hace un año y medio
   empezar a estudiar español

2. el verano pasado
   conocer a Lorena

3. en febrero
   ir a España por primera vez

Hace un año y medio, Riho empezó a estudiar español.

a) Había estado en Francia, pero no había estado nunca en España.

b) Había estudiado inglés durante nueve años.

c) Nunca había tenido amigos españoles.

6 B 下の図を見て過去完了の用法を確認しましょう。Mira el esquema.

Fue a España.　　　Va a España.

Había estado ya en Europa. →　Ha estado ya en Europa. →

antes　　　ahora

6 C 過去完了の活用表を完成させましょう。Conjuga en pretérito pluscuamperfecto.

estar

yo	había estado	nosotros / nosotras	
tú		vosotros / vosotras	
usted, él / ella		ustedes, ellos / ellas	

levantarse		ponerse	
me había levantado			nos habíamos puesto
te habías levantado	os habíais levantado		
		se había puesto	se habían puesto

6 D 53ページの **2** A, B, C の動詞の過去完了の活用を練習しましょう。Practica la conjugación del pretérito pluscuamperfecto de los verbos de la página 53, **2** A, B y C.

6 E 例のように文を書きましょう。Escribe frases como en el ejemplo.

例) mis hermanos / ayer: comer paella / antes: nunca comer comida española
   Mis hermanos comieron paella ayer. Antes nunca habían comido comida española.

1. José Antonio / ayer: comer sushi / antes: comer tempura una vez

2. nosotros / ayer: ir a un restaurante peruano / antes: ir a un restaurante argentino una vez

3. mi madre / ayer: hacer tortilla española para cenar / antes: nunca cocinar comida española

4. Ruri / ayer: tomar una copa de vino / antes: nunca beber alcohol

スペイン語圏フェア　En una feria del mundo hispano

1　A　🔊 👥 国と料理を結び話しましょう。ネットで調べてもかまいません。聞いて確認しましょう。Relaciona las comidas con su país y habla con tu compañero. Puedes consultar internet. Después, escucha y comprueba.

> **Modelo:**
> A: ¿De dónde es el cubanito?
> B: Yo creo que es de Cuba.

(los) chiles en nogada

(el) cubanito

(las) pupusas

(las) hallacas

(el) casado

(las) arepas

(el) bolón de verde

(la) sopa paraguaya

(las) papas a la huancaína

(el) chivito

(la) paila marina

(el) choripan

Cuba
República Dominicana
Puerto Rico
México →
Honduras
Guatemala
El Salvador
Venezuela
Panamá
Nicaragua
Ecuador →
Colombia
Costa Rica
Perú →
Bolivia
Paraguay
Chile →
Uruguay
Argentina

1　B　👥 読んで、他の国について練習しましょう。Lee y practica con otros países.

> Raúl:　¿Has estado alguna vez en México?
> Karla:　No, no he estado nunca.
> Raúl:　¿Y has comido tacos alguna vez?
> Karla:　Sí, he comido tacos algunas veces. Cerca de mi casa hay un restaurante mexicano. ¿Y tú?
> Raúl:　Yo no he comido tacos nunca.
> Karla:　¿Vamos al puesto mexicano?
> Raúl:　Vale.

1 C 🔊56 🔊57 RaúlとKarlaはフェアーのいくつかのブースに行きます。聞いて読みましょう。知らない語は辞書で調べましょう。Raúl y Karla van a unos puestos de la feria. Escucha y lee. Consulta en el diccionario las palabras que no sabes.

1. En el puesto mexicano

Raúl: ¡Hola! ¿Qué nos recomienda?

José: Les recomiendo los chiles en nogada. Son una comida típica de Puebla, en México. Es un chile relleno de carne y fruta (plátano, manzana, pera, durazno, etc.). Se cubre con crema de nuez, perejil y granada. Tiene los mismos colores que la bandera de México.

Raúl: Yo quiero probarlo. Dos, por favor.

2. En el puesto paraguayo

Karla: ¡Hola! ¿Qué nos recomienda?

Celia: Les recomiendo la sopa paraguaya. No es una sopa, es un bizcocho. Lleva cebolla, huevo, grasa de cerdo, queso, harina de maíz y leche. Se come en las bodas, en Semana Santa y en los típicos asados. También se come en el noroeste de Argentina y en Brasil.

Karla: Yo quiero probarla. Dos, por favor.

1 D 🗣 メキシコブースについて下の質問に答えましょう。次にパラグアイについて練習しましょう。Contesta a estas preguntas sobre el texto del puesto mexicano. Después, practícalas con el texto de la comida paraguaya.

1. ¿Cómo se llama la comida que ha pedido Raúl?

2. ¿De dónde es típica?

3. ¿Qué lleva?

4. ¿Puedes decir algún otro dato interesante?

1 E 🌐 1Aの中から別の料理を選び、インターネットで調べて1Cと同じような文章を書きましょう。Busca información en internet sobre otro de los platos de 1A y escribe un texto similar a los de 1C.

1 F 👥 グループのメンバーの何人かはブースで仕事をし1Eで準備した料理を勧めます。他の人はブースを訪問する役になります。役割を交代しながら練習しましょう。Unos miembros del grupo trabajan en el puesto y recomiendan la comida de 1E. Otros visitan los puestos. Después, intercambiad los papeles.

1 G 👥 グループの中で話しましょう。Comparte con tu grupo.

Modelo:

A: He ido al puesto mexicano. He comido chiles en nogada. Es un chile relleno de carne y fruta. Nunca había comido chiles en nogada. ¡Qué ricos!

B: Pues yo he ido al puesto chileno. He pedido paila marina. Lleva pescado y mariscos. Nunca había probado la comida chilena. ¡Qué rica!

バーベキューで　En una barbacoa

2 A 🔊 聞いて読みましょう。Escucha y lee.

1. Carlos: ¿Habéis comido ya chorizo?
   Ángela: Yo, sí. ¿Y ustedes?
   Atziri: Yo, todavía no.

2. Carlos: ¿En Colombia, hacéis barbacoa?
   Ángela: Claro. No lo llamamos barbacoa como ustedes. Lo llamamos asado.

3. Atziri: ¿Dónde compraron el chorizo?
   Carlos: En el supermercado que está cerca de mi casa.

4. Cristina: Los mexicanos coméis mucha carne también, ¿no?
   Atziri: Bueno, sí. Nos gusta mucho.

2 B それぞれどの国の出身だと思いますか。¿De dónde crees que es cada uno?

Carlos y Cristina	Ángela	Atziri
España		

2 C 🔊 聞いて読みましょう。Escucha y lee.

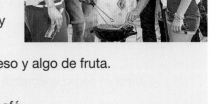

Carlos: ¿Habéis probado ya el chorizo?

Ángela: Sí, ya lo probé. Estaba muy rico. ¿Y ustedes? ¿Todavía no lo han probado?

Atziri: Yo todavía no he comido nada. No tengo mucha hambre. Hoy me levanté tarde y desayuné bastante.

Cristina: Yo sí, ya he comido dos y también me he levantado tarde y he desayunado bastante.

Ángela: Pues yo en el desayuno tomé unas arepas con huevo, queso y algo de fruta. Y me levanté a las nueve.

Carlos: Pues yo me he levantado a las diez y solo he tomado un café.

2 D 表に **2 C** でそれぞれが使っている動詞を書きましょう。 Completa el cuadro con los verbos que ha usado cada uno en **2 C**.

	Carlos y Cristina	Ángela	Atziri
con *ya* o *todavía*	habéis comido		
con *hoy*		tomé	

2 E 🔊 聞いて Carlos と Ángela がバーベキューに行く前に今日何をしたか書きましょう。 Escucha y escribe qué han hecho Carlos y Ángela hoy hasta llegar a la barbacoa.

	1.	2.	3.	4.	5.
Carlos	Se ha levantado a las diez.				
Ángela	Se levantó a las nueve.				

2 F 👥 現在完了か点過去の好きな方を使い、今日授業に来る前に行ったことを2Eの表現を使って話しましょう。Habla sobre lo que has hecho tú hasta llegar a clase. Usa las expresiones de 2E. Puedes usar pretérito perfecto compuesto o pretérito perfecto simple.

> Modelo:
> A: Hoy me he levantado a las siete y media. ¿Y tú?
> B: Yo me levanté a las ocho. Vivo muy cerca de la universidad.

コロンビア人学生の食習慣 Hábitos alimentarios de los universitarios colombianos

3 A 🔊 👥 聞いて、分かったことをリストにして書きましょう。Escucha y haz una lista de las cosas que has entendido.

3 B 読んで確認しましょう。知らない単語があったら辞書で調べる前に文脈から意味を想像しましょう。
Lee y comprueba. Si hay palabras que no conoces, intenta imaginar el significado antes de consultar el diccionario.

Desayuno

Almuerzo o cena

Empanadas

Aborrajados

En Colombia los estudiantes desayunan generalmente en casa. Normalmente comen huevo, pan, arepas o galletas, chocolate, café, yogur o leche. Algunos comen frutas, queso y cereal. Otros comen un sándwich o salchicha y caldo y algunos no desayunan porque tienen que estar antes de las siete en la universidad.

En el almuerzo y la cena comen normalmente arroz, pollo, frijoles, garbanzos o lentejas, papa o yuca y ensalada. Otros almuerzan comidas rápidas como pizza, hamburguesa y empanadas porque es más barato y no tienen mucho tiempo. Normalmente almuerzan en la universidad con sus amigos y comen* en casa.

Para los refrigerios, prefieren gaseosas, paquetes de papas, chocolates, pasteles, empanadas o frutas.

＊スペインではcenanを使います。En español de España, *cenan*.

3 C 👥 3Aのテキストを見ないで覚えていることを話しましょう。Dile a tu compañero las cosas que recuerdas del texto de 3A.

3 D 自分の国かスペイン語圏の他の国を選んで3Bのような文章を書き、口頭で発表しましょう。Escribe un texto como el de 3B sobre tu país o sobre otro país del mundo hispano y preséntalo de forma oral.

ビデオ

▶ ビデオを見て、指示に従いましょう。Mira el vídeo y sigue las instrucciones.

A 写真を見て、それぞれの人が今朝行ったこと書きましょう。現在完了を使ってください。Fíjate en las fotos y escribe qué han hecho esta mañana. Usa pretérito perfecto compuesto.

例)　　　　1.　　　　2.　　　　3.　　　　4.　　　　5.

例) Nosotros hemos desayunado.

2. Ellos _____.

1. Yo _____.

3. Vosotros _____.

4. Ustedes _____.

5. Tú _____.

B 現在完了あるいは点過去の適切な時制を使って、文を書き直しましょう。Reescribe las frases usando pretérito perfecto simple o compuesto.

例) Jun fue a Bolivia el año pasado　→ <u>Jun ha ido a Bolivia</u> este año.

1. Ayer vinieron unos amigos a casa.　→ Hoy _____.

2. Han viajado mucho este año.　→ _____ el año pasado.

3. Hoy he aprendido un plato nuevo.　→ El lunes pasado _____.

4. Mis padres se han levantado tarde.　→ Ayer _____.

5. ¿Comisteis *sushi* ayer?　→ ¿_____ esta semana?

C 次のような場合、スペイン語で何と言いますか。¿Qué dices en las siguientes situaciones?

1. メキシコに行ったことがあるかどうか聞かれた。Te preguntan si has estado en México alguna vez.

2. 今日何時に起きたか聞かれた。Te preguntan a qué hora te has levantado hoy.

3. 昨年スペインに行ったが、その前にヨーロッパに行ったことがあるかどうか言う。El año pasado fuiste a España. Di si ya habías ido a Europa o no.

4. スペイン語圏の料理を相手に勧める。Recomienda a tu compañero una comida del mundo hispano.

5. 複数の相手にスペインに行ったことがあるかを尋ねる。Pregunta a tus compañeros si han estado en España. Usa el plural.

D 自己評価　Evalúate según el número de respuestas acertadas.

12-15: Muy bien　　　8-11: Bien　　　4-7: Regular　　　0-3: No muy bien

 自由課題　振 り 返 り　Reflexión sobre lo aprendido

1. この課で学んだことをまとめましょう。¿Por qué no haces un resumen sobre lo que has aprendido en esta unidad?

2. 何が１番面白かったですか。他に何か知りたいことはありますか。¿Qué te ha gustado más? ¿Quieres saber algo más?

3. この課の目標を達成しましたか。¿Has logrado los objetivos de la unidad? ¿Eres capaz?

Cuando termine la universidad, empezaré a trabajar

この課の目標　Seré capaz de:

● 将来何をしたいか、どうなりたいかについて話すことができる。Hablar de lo que queremos hacer y ser en el futuro.

● 仕事についての意見交換ができる。Intercambiar opiniones sobre el trabajo.

A 大学を卒業したらどうするかについて話しています。ビデオを見て、読みましょう。Unos estudiantes hablan de su futuro. Mira el vídeo y lee.

1. Cuando termine la universidad, empezaré a trabajar en un banco.

2. Cuando termine la universidad, viajaré por Europa.

3. Cuando termine la universidad, estudiaré un máster.

4. Cuando termine la universidad... no sé qué haré cuando termine la universidad.

B あなたは大学を卒業したらどうしたいですか。動詞を次の形で使って話しましょう。
¿Y tú? ¿Qué harás cuando termines la universidad? Completa y habla.

Cuando termine la universidad	empezaré a _____
	viajaré por _____
	estudiaré _____

時を表す表現 3: 未来　Marcadores temporales (III) : futuro

1 A 今日の日にちと今の時間を書きましょう。 Escribe la fecha y la hora actuales.

Hoy es _____ de _____ . Son las / Es la _____ .

1 B 以下の時を表す表現を参考にして、数字や月等を書きましょう。今の時間や日にちを基準にします。
Toma como referencia la hora y la fecha actuales y completa.

時を表す表現　Marcadores temporales			
mañana pasado mañana	en 2025 en junio el 4 de junio de 2025	el sábado (que viene) la semana que viene el mes que viene el año que viene	dentro de una hora dentro de dos días dentro de una semana dentro de cinco meses dentro de un año

la semana / el mes / el año que viene = la próxima semana, el próximo mes / año

sábado	domingo	lunes	martes	miércoles	jueves	viernes	sábado	domingo
hoy				dentro de 4 días			dentro de una semana	

la semana que viene

1.　a las 8 de la noche　　　　　　　　→ dentro de _____ horas
2.　el _____ de _____ de _____　→ dentro de un año
3.　en febrero　　　　　　　　　　　　→ dentro de _____ meses
4.　en 2030　　　　　　　　　　　　　→ dentro de _____ años
5.　el _____ de _____　　　　　　 → mañana
6.　el _____ de _____　　　　　　 → el domingo que viene
7.　del _____ de _____ al _____ de _____ → la semana que viene
8.　en _____　　　　　　　　　　→ el año que viene

1 C 読みましょう。Lee.

未来の事象の表しかた　Expresar futuro
1.　現在形 (Presente)　Mañana **ceno** con mis amigos. 2.　ir a + 不定詞 (Infinitivo)　Mañana **voy a cenar** con mis amigos. 3.　未来 (Futuro)　Mañana **cenaré** con mis amigos.

未来　Futuro

2 A 🔁 来年自分が行くと思う場所を１つ選びましょう。クラスの中で多くの人と話しましょう。同じ場所に行く人を見つけたらグループになります。 Elige un lugar a donde irás el año que viene. Muévete por la clase y habla con los compañeros. Forma un grupo con los que irán al mismo sitio.

México	Colombia	Cuba	Argentina	Perú	Bolivia

Modelo 1:	Modelo 2:
A: ¿Irás a México el año que viene? B: Sí, **iré** a México.	A: ¿Iréis a México el año que viene? C: No, no **iremos** a México. Iremos a Perú.

2 B 話した結果を書きましょう。Escribe frases con las informaciones obtenidas.

Ryota **irá** a Colombia. Daisuke y Hinako **irán** a Argentina. Maya, Haruka y yo **iremos** a México.

2 C 動詞irの未来の活用表を完成させ、練習しましょう。Completa en futuro y practica.

ir

yo	iré	nosotros / nosotras	iremos
tú		vosotros / vosotras	
usted, él / ella		ustedes, ellos / ellas	

3 A 今晩、夕食を食べる場所を選びましょう。Elige un lugar en el que cenarás esta noche.

1. en casa
2. en casa de un amigo
3. en un restaurante
4. en un *izakaya*
5. en una hamburguesería

3 B 3Aの場所を一つ選びましょう。クラスの中で多くの人と話しましょう。同じ場所に行く人をみつけたらグループになります。Muévete por clase y habla con tus compañeros. Forma un grupo con los que cenarán en el mismo sitio.

Modelo 1:
A: ¿**Cenarás** en casa esta noche?
B: No, no **cenaré** en casa.

Modelo 2:
A: **Cenaréis** en casa esta noche?
C: Sí, **cenaremos** en casa.

3 C 話した結果を書きましょう。Escribe frases con las informaciones obtenidas.

Sae cenará en casa de un amigo. Tomohide y Kohei cenarán en un restaurante. Mayuka, Yui y yo cenaremos en una hamburguesería.

3 D cenarの未来の活用を書き、練習しましょう。Completa en futuro y practica.

cenar

	cenaréis
cenará	

4 A 未来の活用表を完成させましょう。Conjuga los verbos en futuro.

規則活用 **Verbos de conjugación regular**

hablar

hablaré	hablaremos
	hablaréis
hablará	

comer

	comeremos
comerás	
	comerán

vivir

viviré	
	viviréis

4 B 1人が先生役で主語と動詞を言います。残りの学生が順番に答えを素早く言っていきます。一番先に終わったグループが勝ちです。Eres el profesor del grupo. Pregunta la conjugación a tus compañeros (un verbo a cada uno). Gana el grupo que termina antes.

1. yo, hablar
2. yo, vivir
3. tú, vivir
4. tú, comer
5. él, comer
6. él, hablar
7. nosotros, hablar
8. nosotros, vivir
9. vosotros, vivir
10. vosotros, comer
11. ellos, comer
12. ellos, hablar

4 C 🗣 次の動詞のyoの形を練習しましょう。 Practica la forma de *yo.*

不規則活用 Verbos de conjugación irregular

tener → tendré	venir → vendré	poner → pondré	poder → podré
salir → saldré	hacer → haré	decir → diré	

haber (hay) → habrá

4 D 👥 **4**Bと同じゲームをしましょう。 Haz el mismo juego de **4**B.

1. yo, tener
2. yo, venir
3. yo, poder
4. tú, poder
5. tú, salir
6. tú, hacer
7. él, hacer
8. él, decir
9. él, tener
10. nosotros, tener
11. nosotros, venir
12. nosotros, poner
13. vosotros, poner
14. vosotros, salir
15. vosotros, decir
16. ellos, decir
17. ellos, hacer
18. ellos, tener

条件節 1 si Oraciones condicionales (I): *si*

5 A 🗣 例に注目し、次の表現を使って、下の文を自由に完成させましょう。ペアの相手と答えを比べましょう。 Fíjate en el ejemplo y completa libremente con estas expresiones. Compara con tu compañero.

a) trabajar muchas horas
b) tener muchas vacaciones
c) tener estrés
d) viajar a otros países
e) trabajar cerca de casa
f) volver a casa pronto
g) ganar mucho dinero
h) tener un trabajo relacionado con mis estudios
i) usar español en el trabajo

例) Si **soy** profesor/a, <u>tendré un trabajo relacionado con mis estudios, pero no ganaré mucho dinero</u>.

1. Si **trabajo** en una compañía multinacional, _____
2. Si no **trabajo** muchas horas, _____
3. Si **fundo** mi compañía, _____
4. Si **trabajo** en una compañía pequeña, _____
5. Si **gano** mucho dinero, _____

5 B 🔊 動詞をyoを主語にして現在または未来に活用させて文章を完成させましょう。 Conjuga los verbos en la primera persona del presente o del futuro.

En las vacaciones si tengo dinero, **iré** a Argentina.

1. Si **voy** a Argentina, _____ (visitar) la Patagonia.
2. Si _____ (visitar) la Patagonia, _____ (ir) a la península Valdés.
3. Si _____ (ir) a la península Valdés, _____ (ver) pingüinos.
4. Si _____ (ver) pingüinos, _____ (hacer) muchas fotos.
5. Si _____ (hacer) muchas fotos, las _____ (subir) en Instagram.
6. Si las _____ (subir) en Instagram, mis amigos _____ (comentar): "¡Qué bien!"

接続法現在1：活用　Presente de subjuntivo (I): conjugación

6 A 🔊 動詞の形に注目して聞いて読みましょう。

Escucha y lee. Fíjate en los verbos marcados.

Dentro de tres años me graduaré.
Cuando **me gradúe**, trabajaré en
una compañía multinacional.
Cuando **trabaje** y **gane** dinero,
viviré sola.

直説法と接続法
Indicativo y subjuntivo

スペイン語にはこれまで学んだ直説法の他に
特定の構文で使われる接続法があります。接
続法が使われる構文を少しずつ覚えていきま
しょう。En español, además del indicativo, existe
el subjuntivo, que se usa en cierto tipo de frases.
Aprenderemos estas frases poco a
poco.

6 B 指示に従って接続法現在の活用表を完成させましょう。Fíjate y completa.

| 直説法現在のyoの活用形を書く。Escribir la forma de *yo* de presente de indicativo.
tener → tengo | → | 最後のoを除いた形を6回書く。Quitar *-o* y escribirlo 6 veces.
teng　teng
teng　teng
teng　teng | → | 活用語尾を加える。Añadir las desinencias.
-AR:
e, es, e, emos, éis, en
-ER, -IR:
a, as, a, amos, áis, an | → | tenga
tengas
tenga
tengamos
tengáis
tengan |

-AR
o → e

hablar → **hablo**	
hable	hablemos
hables	habléis
hable	hablen

viajar → **viajo**	
	viajéis

graduarse → me **gradúo**	
me **gradúe**	
	se **gradúen**

-ER
-IR
o → a

comer → **como**	
coma	comamos
comas	comáis
coma	coman

ver →	
veas	

hacer →	
haga	

tener → **tengo**	
teng	teng
teng	teng
teng	teng

conocer →	
	conozcamos

ponerse →	
	se **pongan**

vivir → **vivo**	
viva	vivamos
vivas	viváis
viva	vivan

oír →	
oigas	

venir →	
venga	

conducir →	
conduzca	

pedir →	
	pidamos

aburrirse →	
	os **aburráis**

6 C 動詞を接続法現在に活用にして文章を完成させましょう。Completa.

1. Cuando _____ (terminar) los exámenes, viajaré al extranjero.

2. Cuando _____ (visitar) Argentina, practicaré español.

3. Cuando _____ (tener) amigos argentinos, los invitaré a Japón.

4. Cuando mis amigos _____ (venir) a Japón, iremos juntos a Nikko.

予定　Planes

1 A 🍽 適切な動詞を書きましょう。 Completa con los verbos adecuados.

a) <u>trabajar</u> en un restaurante

b) _____ de compras

c) _____ deporte

d) _____ una película

e) _____ en un restaurante

f) _____ con los amigos

g) _____ por internet

h) _____ a videojuegos

i) _____

j) _____ tarde

1 B 🍽 それぞれの時にする予定の行動を**1 A**から選んで yo の欄に書き込みましょう。同じものを２度使ってはいけません。モデルのようにペアと話し、相手の書いたことを当てましょう。 Escribe en la tabla una actividad de **1 A** diferente para cada momento. Luego, adivina la de tu compañero.

	Yo	Mi compañero
Después de clase		
Mañana		
El sábado por la noche		
El domingo por la mañana		
En las próximas vacaciones		

Modelo:

A: Después de clase, ¿irás de compras?　　B: No, no iré de compras.

A: ¿Cenarás en un restaurante?　　B ¡Sí, cenaré en un restaurante!

仕事　El trabajo

2 A 🔊 聞いてそれぞれの意見を読みましょう。 Escucha y lee.

Víctor: En el futuro, quiero ser profesor. Quiero tener un trabajo interesante y, además, me gusta mucho enseñar. Si soy profesor, no ganaré mucho dinero, pero... ¡estaré muy contento!

Hanae: Si trabajo en una compañía japonesa con contactos con Estados Unidos y Latinoamérica, usaré el español y el inglés en mi trabajo. ¡Y viajaré mucho!

Alberto: Para mí es importante trabajar cerca de casa y volver a casa pronto. No quiero trabajar muchas horas. Si vuelvo a casa pronto, podré hacer otras cosas que me gustan.

2 B 🍽 仕事に関して、あなたにとって大切なことは何ですか。同じような文章を書き、グループで発表しましょう。 ¿Qué es importante para ti en el trabajo? Escribe un texto como los anteriores y preséntalo a tus compañeros.

3 A 🔊 👥 何回か聞いてわかったことをノートに書き、グループで話しましょう。Escucha varias veces y escribe en tu cuaderno lo que entiendes. Después comparte con tus compañeros.

3 B 👥 読みましょう。その後で本を閉じて覚えていることを言いましょう。Lee y comprueba. Después cierra el libro y cuenta lo que recuerdas del texto.

¿Es importante estudiar español?

El español se habla como lengua oficial en 20 países del mundo. Japón tiene importantes relaciones comerciales con varios países de Latinoamérica, por ejemplo, con México (más de 126 millones de hispanohablantes). Y actualmente más de 1100 compañías japonesas (como Sony, Nissan, Toyota, Panasonic o Takeda Pharmaceutical Company) trabajan en México. En Estados Unidos hay 57 millones de hispanohablantes, por lo que muchas compañías buscan trabajadores con un buen nivel de español. En conclusión, el español es un idioma importante para la economía y también para tu futuro. Si quieres, y si estudias mucho, podrás vivir y trabajar en un país hispanohablante.

3 C 👥 これらのテーマについて話しましょう。64 ページ 5 A の表現を使ってください。Discute con tus compañeros sobre estos temas. Usa las expresiones de la página 64, 5 A.

1. ¿Quieres trabajar en una compañía multinacional?
2. ¿Prefieres trabajar en una compañía grande o en una compañía pequeña?
3. ¿Trabajarás en casa? ¿Fundarás tu propia compañía?
4. ¿Qué es importante para ti en el trabajo: el salario, tener un trabajo interesante, usar lenguas extranjeras, etc.?
5. ¿Crees que estudiar español es importante? ¿Por qué?

Modelo:

A: ¿Quieres trabajar en una compañía multinacional?
B: Sí, porque quiero usar los idiomas en mi trabajo.
Si trabajo en una compañía multinacional, usaré el español y el inglés en mi trabajo.

4 🔊 あなたの将来の夢は何ですか。例のように文を書き換え、聞いて確認しましょう。¿Cuáles son tus sueños para tu futuro? Transforma las frases. Después, escucha y comprueba.

例) Yo quiero trabajar en una compañía importante y ganar mucho dinero.

(ganar mucho dinero → comprar una casa en un barrio elegante)

Cuando gane mucho dinero, compraré una casa en un barrio elegante.

1. Yo sueño con fundar mi propia compañía de software y diseñar una aplicación muy popular.

(diseñar una aplicación muy popular → ser famoso y salir en la televisión)

Cuando _____

2. Yo sueño con tener una gran familia y vivir en una ciudad tranquila.

(casarme → trasladarme a otra ciudad)

Cuando _____

3. Yo quiero estudiar más después de graduarme.

(graduarme → hacer un máster y ser profesor)

Cuando _____

私の将来　Mi futuro

5 A 右と左を結びましょう。Relaciona estas expresiones.

1. continuar estudiando
2. vivir con los padres
3. comprar una casa
4. tener trabajos temporales
5. casarse

   a) no casarse
   b) tener un trabajo fijo
   c) empezar a trabajar
   d) alquilar una casa
   e) independizarse

> **continuar+現在分詞**
>
> ～し続ける
> Empezó a llover pero
> continuó jugando
> al tenis.

5 B 🔊 スペイン人学生Víctorは将来について話しています。聞いて3人称で書き込みましょう。Víctor, un joven estudiante español, habla de su futuro. Escucha y escribe.

1. A los 21 años
   terminará la universidad_____ y _____.

2. Desde los 21 hasta los 28 o 30 años
   _____ y _____.

3. A los 28 o 30 años
   _____, _____ y
   _____.

5 C 👥 あなたはどうしていると思いますか。**5**Aの表現を使って話しましょう。¿Y tú? ¿Qué harás? Habla con tus compañeros. Usa las expresiones de **5**A.

Modelo:

A: Yo creo que terminaré la universidad a los 21 años y empezaré a trabajar.
   Tendré un trabajo fijo. Y viviré con mis padres hasta los 24 o 25 años.
B: Pues yo creo que no me casaré. Viviré solo o con mi novia. No tendré hijos.

5 D 🔊 聞いて内容に合っているか（V）、そうでないか（F）書きましょう。Escucha y marca verdadero (V) o falso (F).

1. Los jóvenes españoles terminan la universidad a los 20 años.（V / F）
2. **Pocos** jóvenes continúan estudiando después de graduarse.（V / F）
3. **Muchos** jóvenes encuentran un trabajo fijo cuando terminan la universidad.（V / F）
4. **Algunos** jóvenes buscan trabajo en el extranjero.（V / F）
5. **Muchos** viven con sus padres hasta los 30 años.（V / F）

5 E 👥 日本とスペイン人の若者が大学卒業後どうするかについて話しましょう。Compara la vida después de la universidad de los jóvenes españoles y los jóvenes japoneses.

Modelo:

Como los jóvenes españoles, muchos jóvenes japoneses
terminan la universidad a los 21 años, pero pocos continúan
estudiando.

未来のためのプロジェクト Proyectos para el futuro

6 A 🗣 例のように次々と自分の夢を語っていきましょう。何も言えなくなった方が負けです。Forma con tu compañero una cadena de sueños. Pierde el que no pueda decir nada más.

Alumno A	Alumno B	Alumno A
Cuando me gradúe, viajaré a México.	Cuando viaje a México, hablaré muy bien español.	Cuando

6 B 🔊 スペイン人の若者Albertoはとても特別なプロジェクトを実現しました。読んで順番に並べましょう。聞いて確認しましょう。Alberto, un joven español, ha realizado un proyecto muy especial. Lee y ordena el texto. Después, escucha y comprueba.

☐ Entonces, Alberto comprendió que muchas personas mayores estaban solas y decidió crear una ONG, *Adopta un abuelo*, para ayudarlas. Como necesitaba dinero para la ONG, habló con el gobierno y algunas compañías importantes.

ADOPTA UNABUELO .ORG

☐ El proyecto empezó cuando un joven español, Alberto, conoció a un amigo de su abuelo que se llamaba Miguel. Como Miguel no tenía familia, Alberto estuvo con él en Navidad y se hicieron muy amigos. Poco después, Alberto puso en contacto a una amiga de 26 años con una mujer de 96 años. Y ellas también se hicieron amigas.

☐ Cuando ya tenía dinero, empezó una página web donde los jóvenes voluntarios pueden registrarse para estar un día a la semana con una persona mayor. ¡Actualmente la ONG está en más de 19 ciudades! Alberto dice: "Si más voluntarios se registran en *Adopta un abuelo*, nuestra ONG estará en más ciudades".

Adaptado de www.adoptaunabuelo.org

6 C 🗣 同じようなプロジェクトを作りクラスで発表しましょう。次のような文を使って下さい。Prepara un proyecto similar y preséntalo en la clase. Puedes usar estas frases:

1. Nosotros queremos ayudar a...
2. Crearemos una ONG que se llamará...
3. En esta ONG, los voluntarios...
4. Como necesitaremos dinero...
5. Cuando tengamos dinero...
6. Tendremos una página web / una oficina donde...
7. Si la ONG funciona bien, ...

ビデオ

▶ ビデオを見て、指示に従いましょう。Mira el vídeo y sigue las instrucciones.

A 写真を見て、何をする予定かをyoを主語にして書きましょう。未来の時を表す表現を加えてください。 Fíjate en las fotos, añade un marcador temporal de futuro y escribe qué harás.

例)　　　　1.　　　　2.　　　　3.　　　　4.　　　　5.

例) Mañana cenaré en un restaurante.　　　　1. _____.

2. _____.　　　　3. _____.

4. _____.　　　　5. _____.

B 枠内から動詞を選び、未来、直説法現在あるいは接続法現在の適切な形に活用させて文章を完成しましょう。（0.5点×10）Elige un verbo del recuadro y completa el siguiente texto con el tiempo adecuado del futuro o del presente de indicativo o subjuntivo.

| graduarse | trabajar | poder | viajar | conocer | hacer | subir |

Dentro de tres años _me_____. Cuando _me_____, _____ en una compañía

multinacional. Cuando _____ en una compañía multinacional, _____ viajar mucho.

Si _____ mucho, _____ muchas fotos y _____ a muchas personas.

Si _____ muchas fotos, las _____ en Instagram.

C 次のような場合、スペイン語で何と言いますか。¿Qué dices en las siguientes situaciones?

1. 卒業したらどうするか聞かれた。Te preguntan qué harás cuando te gradúes.

2. たくさんお金を持っていたらどうするか聞かれた。Te preguntan qué harás si tienes mucho dinero.

3. 複数の相手に授業の後で何をするか尋ねる。Pregunta a tus compañeros qué harán después de clase. Usa el plural.

4. スペイン語を勉強することが大切だと思うかどうか、またその理由を言う。Di si crees que es importante estudiar español y por qué.

5. 来年スペイン語の勉強を続けるかどうか聞かれた。Te preguntan si continuarás estudiando español el próximo año.

D 自己評価 Evalúate según el número de respuestas acertadas.

12-15: Muy bien　　　　8-11: Bien　　　　4-7: Regular　　　　0-3: No muy bien

自由
課題　　振　り　返　り　Reflexión sobre lo aprendido

1. この課で学んだことをまとめましょう。¿Por qué no haces un resumen sobre lo que has aprendido en esta unidad?

2. 何が1番面白かったですか。他に何か知りたいことはありますか。¿Qué te ha gustado más? ¿Quieres saber algo más?

3. この課の目標を達成しましたか。¿Has logrado los objetivos de la unidad? ¿Eres capaz?

¿Quieres venir a mi casa?

この課の目標 Seré capaz de:

● 希望を述べたり、相手にアドバイスしたり、何かを勧めたりすることができる。Expresar deseos, consejos y recomendaciones.

● パーティ等で会話することができる。Interactuar en una fiesta.

● 社会の出来事や社会生活について、質問したり話したりすることができる。Preguntar y hablar sobre acontecimientos sociales y vida social.

A CarlosとElisaが楽しみにしている日について話しています。ビデオを見て読みましょう。Carlos y Elisa hablan de los días que les gustan. Mira el vídeo y lee.

1. Carlos

El 25 de junio es mi cumpleaños. Este año haré una fiesta en un restaurante mexicano. Espero que vengan muchos amigos y me regalen muchas cosas.

2. Elisa

El 6 de enero es el día de los Reyes Magos. Esta fiesta es muy importante en España. Los niños esperan que les traigan muchos regalos.

B Aの中の次の動詞の不定詞を書きましょう。Escribe el infinitivo de los siguientes verbos que aparecen en A.

vengan → _____   regalen → _____   traigan → _____

C 誕生日にして欲しいことは何か言いましょう。¿Qué esperas por tu cumpleaños?

Espero que mis amigos...   Espero que mis padres...

過去未来 Condicional simple

1 A José は家族のカレンダーを見ています。次の語を使って文を言いましょう。José revisa el calendario de la familia. Forma frases con las siguientes palabras.

1. 6 de enero / Reyes Magos / Alfonso / sobrino

   El 6 de enero es Reyes Magos. José necesita un regalo
   para Alfonso. Es su sobrino.
2. 14 de febrero / San Valentín / Elisa / novia
3. 16 de mayo / el aniversario de boda de Carmen y Pedro / padres
4. 4 de junio / la graduación del instituto de Nina / hermana
5. 25 de junio / cumpleaños de Juan / amigo
6. 15 de octubre / la boda de Paloma / prima

1 B 1 Aの人たちへのプレゼント選びを手伝いましょう。Ayuda a José a elegir un regalo para las personas de 1 A.

a) una cartera	b) unos zapatos	c) una botella de vino	d) unos bombones
e) unas flores	f) unas tazas y platos	g) una cena	h) dos noches en Barcelona

Modelo:

A: Yo le **regalaría** a Alfonso unos zapatos el 6 de enero. ¿Y tú? ¿Qué le **regalarías**?

B: Yo le **regalaría** una cartera.

1 C 他のペアといっしょになり、考えたことを話しましょう。Habla con otra pareja y comparte las ideas.

Modelo:

A: Shota y yo les **regalaríamos** unas botellas de vino a Carmen y Pedro para el aniversario de boda. ¿Y vosotros? ¿Qué les **regalaríais**?

B: Yuka les **regalaría** dos noches en Barcelona. Yo les **regalaría** unas flores.

1 D 過去未来の活用表を完成させましょう。Conjuga los verbos en condicional.

regalar	
regalaría	
	regalarían

comer	
comería	
	comeríais
comería	

vivir	
	viviríamos
vivirías	
	vivirían

1 E 未来と過去未来のyoの形を書きましょう。Escribe la conjugación de *yo* del futuro y del condicional.

1. tener: tendré → tendría
2. querer: querré →
3. poder: →
4. salir: →
5. hacer: →
6. decir: →
7. venir: →
8. poner: →

haber (hay) → habrá → habría

2 A 動詞を過去未来にしてアドバイスの文を完成させましょう。 Completa estos consejos con condicional.

1. Yo que tú, _____ (estudiar) esta noche.
2. Yo que tú, _____ (hacer) más deporte.
3. Yo que tú, _____ (salir) antes de casa.
4. Yo que tú, _____ (levantarse) temprano.
5. Yo que tú, no _____ (ponerse) esa camisa.

yo que tú
+過去未来 (condicional)
もし私だったら

2 B 🔊😶 聞いて読みニュアンスの違いを考えましょう。 Escucha y lee. ¿Qué diferencia hay en cada caso?

A

Tienes que ordenar los juguetes.

Trabajas mucho. **Tendrías que** descansar.

B

No quiero estudiar. **¡Quiero** jugar al fútbol!

Me gustaría ir de excursión este fin de semana.

C

¡Todavía no has terminado la universidad! **¡Debes** estudiar más!

Este curso tus notas no son muy buenas. **Deberías** estudiar más.

2 C Me (te, le...) gustaría または debería (deberías, debería...) を書きましょう。 Completa con *me* (*te, le...*) *gustaría* o *debería* (*deberías, debería...*)

1. El profesor está un poco enfadado contigo. _____ llegar pronto a clase.
2. _____ no tener muchos exámenes y salir con mis amigos.
3. Será una fiesta formal. Ustedes _____ llevar chaqueta y corbata.
4. Siempre estás en el sofá usando el móvil. _____ salir más de casa.
5. A mis amigos y a mí _____ mucho viajar por todos los países de Hispanoamérica.

命令 4: tú   Imperativo (IV): *tú*

3 図を見て、目的人称代名詞の位置を確認し、例のように代名詞を使って文を書きましょう。 Mira el esquema y reescribe con pronombres.

Quiero regalarle una cartera. → Quiero regalársela. → Regálasela.

例) Compra <u>esta botella de vino</u>. Es excelente. → Cómprala. Es excelente.

1. Ordena <u>los juguetes</u> antes de acostarte. →
2. Abre <u>el regalo</u>. Te gustará. →
3. Regálale <u>estos bombones</u> a Elisa. Le gustan mucho. →
4. Ponte <u>esta chaqueta</u>. Es una fiesta formal. →

¡Qué + 形容詞！ ¡Qué + adjetivo!

4 A 🔊 表現と写真を結びましょう。聞いて確認しましょう。Relaciona. Escucha y comprueba.

a) ¡Qué bonitas! b) ¡Qué interesantes! c) ¡Qué grande!
d) ¡Qué contentas! e) ¡Qué cansado! f) ¡Qué viejos!

1. _____
2. _____
3. _____
4. _____
5. _____
6. _____

4 B ¡Qué + 形容詞！を使って文を書きましょう。Di usando ¡Qué + adjetivo!

1. difícil (los exámenes) → ¡Qué difíciles!
2. bonito (esta cartera)
3. pequeño (este helado)
4. moderno (tus chaquetas)

接続法現在 2: 活用　Presente de subjuntivo (II): conjugación

5 A 👥 指示に従って、接続法現在の活用を書きましょう。Sigue las instrucciones y conjuga en presente de subjuntivo.

1. buscar, coger, pagar の接続法現在の活用を口頭で練習する。Practica oralmente la conjugación de *buscar*, *coger y pagar*.
2. グループの1人が練習した活用を言い、他の人は聞こえた通りに書く。Uno dice la conjugación de estos verbos en orden. Los otros escriben.
3. 正しく書けたかどうかクラスで確認する。¿Lo habéis escrito correctamente? Comprobad en clase.

buscar → busco	coger → cojo	pagar → pago

5 B 👥 活用表を完成させ、クラスで確認しましょう。Completa. Comprueba en clase.

empezar → empiezo

empieces	empecéis

querer → quiero

quiera	queramos

sentir →

sienta	sintamos
	sintáis

jugar → juego

juegues	juguéis

volver → vuelvo

vuelva	volvamos

dormir →

	durmamos
duermas	durmáis

5 C 👥 yo の形からその他の人称の形を想像して書いてから、クラスで確認しましょう。Fíjate en la forma *yo*. Completa la tabla y comprueba en clase.

estar	ser	saber	ir
esté	sea	sepa	vaya

5 D 👥 意味を確認してから、動詞の活用を練習しましょう。Comprueba el significado y practica la conjugación.

1. decir
2. preparar
3. conocer
4. acostarse
5. ponerse
6. ir
7. decidir
8. recordar
9. dormir
10. llegar

接続法現在 3　Presente de subjuntivo (III)

esperar que + 接続法 (subjuntivo)

6 A  聞いて読みましょう。Escucha y lee.

Daisuke: ¡Qué cansado estoy! Y todavía tengo muchos deberes.

Sofía: Pero tienes que terminarlos pronto. Pasado mañana es mi fiesta de cumpleaños. **Espero que puedas venir.**

Daisuke: ¡Yo también **espero poder ir a tu fiesta!**

6 B 図を見て esperar que の使い方を確認し、例のように文を書きましょう。Observa el uso de *esperar que* y escribe frases como en el ejemplo.

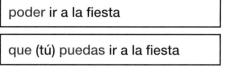
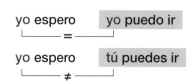

例) yo: esperar / yo: poder ir a la fiesta → Espero poder ir a la fiesta.

1. mis amigos: esperar / yo: poder ir a la fiesta
2. el profesor: esperar / Hisae: estudiar más
3. mi novia: esperar / yo: regalarle bombones
4. mis padres: esperar / mis padres: poder viajar a Europa
5. Sofía: esperar / Sofía: no tener que ir a trabajar
6. nosotros: esperar / el examen: ser fácil

6 C グループで下のような文を考え、1人が黒板に書きます。間違いがあったら直しましょう。Piensa con tus compañeros una o dos frases originales como en el ejemplo. Después un miembro de cada grupo la escribe en la pizarra. ¿Son correctas?

María va a hacer una fiesta en su casa. Espero que todos podamos ir a su fiesta.

es mejor que + 接続法 (subjuntivo)

7 A 図を見て、文を読みましょう。Fíjate en el esquema y lee los ejemplos.

Es mejor que le compres unos zapatos a Alfonso.

Es importante que hables mucho con tus amigos.

Es necesario que vayas a hablar con el profesor.

7 B mejor, importante, necesario を使って 6 C と同じように文を書きましょう。Escribe frases usando *mejor, importante* y *necesario* como en 6 C.

うちに来ませんか　¿Quieres venir a mi casa?

1 A 🔊 ~ 🔊 自宅への招待の話を聞いて写真に番号を書きましょう。その後で読んで確認しましょう。
Escucha y escribe el número de cada invitación. Lee y comprueba.

a)  ☐　b)  ☐　c)  ☐

---

1. Sofía　　¡Hola, Keita! El próximo lunes es mi cumpleaños y voy a celebrarlo el sábado con muchos amigos en mi casa. Mis padres no estarán. El plan es hacer una barbacoa, comer mucho y hablar hasta muy tarde. ¡Lo pasaremos muy bien! Y mi amiga Paula quiere conocerte. ¿Quieres venir? ¡Te espero a las dos!

---

2. Marta　　¡Hola, Mayuka! ¿Quieres venir a mi casa este domingo? A mi familia le gustaría mucho conocerte. Mi padre preparará una paella. No cocina muy bien, pero la paella de los domingos es su especialidad. Antes de comer tomaremos unas tapas en un bar. Vienes, ¿verdad? ¡Te esperamos a la una y media!

---

3. Carlos　　¡Hola, chicos! ¿Dónde veréis el partido del miércoles? ¿Os gustaría venir a mi casa? Compraremos en el súper unas bebidas, pediremos por teléfono unas pizzas, animaremos a nuestro equipo... Tenéis que venir, ¿vale? El miércoles a las ocho. ¡Traed las camisetas!

súper = supermercado

1 B 🗣 スペイン人の友人のMartaの家への招待を受けることにしました。どうすればいいでしょうか。スペインの習慣についてペアの相手に聞きましょう。 Vas a ir a la casa de Marta, una amiga española. ¿Qué tienes que hacer? Pregunta a tu compañero.

Alumno A		Alumno B → p.122
1. Tengo que	☐ llegar pronto. ☐ llegar quince o veinte minutos tarde.	
2. Debería	☑ llevar dulces o vino. ☐ no llevar nada.	
3. Tengo que	☐ hablar mucho. ☐ hablar poco.	
4. Después de comer, debería	☐ irme inmediatamente. ☑ decir "es muy tarde" dos o tres veces antes de irme.	

Modelo

A: Mi amiga Marta me ha invitado a su casa, pero nunca he estado en una casa española.
　¿Tengo que llegar pronto o llegar quince o veinte minutos tarde?
B: Bueno, yo en tu lugar llegaría...

1 C 🗣 日本とスペインの習慣を比べて話しましょう。 Compara las costumbres japonesas y las costumbres españolas.

Modelo

A: En España, cuando te invitan a una casa, es normal llegar quince o veinte minutos tarde.
　Sin embargo, en Japón, es normal llegar pronto.
B: Sí, es verdad. / Sí, tienes razón. / No, no estoy de acuerdo.

1 D 🗨 月曜日はSofíaの誕生日です。ノートにSofíaが期待していることを表す文を書きましょう。El lunes es el cumpleaños de Sofía. Escribe frases en tu cuaderno.

Sofía espera que...
• su padre → prepararle un desayuno especial
• su madre → llevarla a la universidad en coche
• sus compañeras de clase → regalarle una entrada para un concierto
• sus amigos → ir a su fiesta de cumpleaños
• su exnovio → llamarla por teléfono
• el profesor de Historia → no decidir la fecha del examen
• su novio → decirle que es la chica más guapa
• Keita → conocer a su amiga Paula

Sofía **espera que** su padre le **prepare** un desayuno especial.

1 E 🔊 聞きましょう。Escucha una posibilidad.

1 F 写真と表現を結びましょう。Relaciona el vocabulario con las fotos.

a) coger un vaso de agua b) subir el volumen de la tele
c) abrir la ventana d) entrar en tu habitación para hablar por teléfono
e) recargar el móvil f) encender el aire acondicionado
g) conectarse a la red wifi h) sentarse en el sofá

1.  a)

2.

3.

4.

5.

6.

7.

8.

1 G 🗨 1Fの表現をtúで話す相手の命令形にして言いましょう。相手が言ったことをジェスチャーで表しましょう。Tu compañero te dice las acciones de 1F en imperativo. Tú las representas con mímica.

Modelo
Coge un vaso de agua.

1 H 🗨 Carlosの家にサッカーの試合を見に行きました。許可を願ったり、依頼をしたりしましょう。1Fの表現を使ってください。Estás en la casa de Carlos viendo el partido. Fíjate en los modelos para pedir permiso y un favor. Practica con las expresiones de 1F.

Modelo 1: Permiso	Modelo 2: Favor
A: ¿Puedo abrir la ventana?	A: ¿Puedes subir el volumen de la televisión, por favor?
B: Sí, claro, ábrela.	B: Sí, claro. Ahora mismo.

パーティで　En una fiesta

2 A 🎧 🔊 聞いて会話を順に並べましょう。イントネーションに注意してペアの相手と練習しましょう。

Escucha y ordena. Después, lee con tu compañero cuidando la entonación.

a)

Keita: ¿Puedo recargar el móvil?
　　　　Es que no tengo batería.

Sofía: Claro. Recárgalo.

b) [5]

Keita: Es muy tarde. Tengo que irme ya...

Sofía: Oye, ¿tomamos un café con Paula la
　　　　próxima semana y hablamos de Japón?

Keita: ¡Claro! Es una buena idea.

c) [1]

Sofía: ¡Hola, Keita! ¡Has venido! ¡Qué bien!

Keita: ¡Felicidades, Sofía! Esto es para ti.
　　　　Espero que te guste.

Sofía: ¿Para mí? ¿Qué es?

Keita: Ábrelo, ábrelo.

Sofía: ¡Una funda para mi móvil!

Keita: ¿Te gusta?

Sofía: ¡Me encanta! ¡Qué bonita!

Keita: También he traído una botella de vino.

Sofía: ¡Gracias!

d)

Sofía: Mira, Paula, este es Keita.
　　　　¿Sabes, Keita? Paula quiere ir a Japón.

Keita: ¡Qué bien!

e)

Keita: Bueno, adiós. Gracias por invitarme, Sofía.
　　　　Lo he pasado muy bien.

Sofía: Gracias a ti por venir.

f)

Sofía: Pasa, pasa. Están todos en el jardín.

Keita: Gracias. ¡Qué bonita es tu casa!

Sofía: ¿Sí? Muchas gracias.

2 B 🗣 上の会話の中から次の場合に使う表現を選んで書きましょう。次にそのように言われたらどう答えるかをペアの相手と練習しましょう。 Busca en la conversación las expresiones que usamos en estos casos. Después, practica con tu compañero las reacciones.

1.	Felicitar y dar un regalo	¡Felicidades, Sofía! Esto es para ti. Espero que te guste.
2.	Invitar a entrar en casa	
3.	Presentar a un amigo	
4.	Pedir permiso	
5.	Anunciar que te vas	
6.	Despedirte	

2 C 🗣 紙にプレゼントの絵を描いて **2 A** の **C)** のような会話をしましょう。 Dibuja en un papel un regalo para tu compañero. Interpreta la conversación de **2 A** c).

家族付き合い Vida social en casa

3 A 🔊 例のように下の枠内の表現を使って文章を完成させましょう。聞いて確認しましょう。 Completa este texto con las siguientes expresiones como en el ejemplo. Después, escucha y comprueba.

conocer estas costumbres	hablar mucho	llevar vino o dulces	comer poco
dormir bien	no llegar pronto	no irse inmediatamente	

Invitar a los amigos a casa

En España y en Hispanoamérica es muy frecuente invitar a los amigos. Queremos que nuestros amigos vengan a nuestra casa y esperamos que lo pasen bien. Si un amigo de estos países te invita a su casa, es necesario que __conozcas estas costumbres__ :

- En España: es mejor que _____ para comer y beber con todos. Es importante que _____. A los españoles no les gusta el silencio.
- En México: es importante que _____ y que _____ antes de la fiesta, porque las fiestas son largas y todos comen mucho. ¡Muchas veces los niños duermen en el sofá!
- En Argentina: es importante que _____ después de la comida. A los argentinos les gusta tomar café o mate y charlar con los amigos.
- En Cuba: es mejor que _____. Como en otros países hispanoamericanos, en Cuba es normal llegar tarde.

3 B 🔊 Paulaから次のメールを受け取りました。聞いて読み、返信しましょう。返事にはこの課のアドバイスをする表現を使いましょう。 Recibes este correo de Paula. Escucha, lee y contesta. En la respuesta puedes usar las expresiones de la unidad para dar consejos.

De: Paula Estefanía

Asunto: Mi viaje a Japón

¡Hola, Keita!
¿Qué tal? Me gustó mucho hablar contigo en la fiesta de Sofía. Lo pasamos muy bien, ¿verdad? Te escribo para pedirte algunas recomendaciones. En verano voy a viajar a Japón para visitar a unos amigos japoneses. Me han invitado a cenar a su casa. Me gustaría preguntarte unas cosas sobre las costumbres japonesas. ¿Qué tengo que hacer cuando vaya a su casa? ¿Debería llevar algo? ¿Tengo que llegar pronto o es mejor llegar un poco tarde? ¿Es mejor que hable mucho? ¿Debo irme inmediamente después de cenar? ¿Puedes ayudarme, por favor?
Un abrazo,
Paula

ビデオ

▶️ ビデオを見て、指示に従いましょう。 Mira el vídeo y sigue las instrucciones.

A 質問に合う写真の記号を書きましょう。またその質問に、命令形を使って答えましょう。Relaciona las fotos con las preguntas. Después contesta a las preguntas con imperativo.

例) a) b) c) d) e)

例) 例) A: ¿Puedo recargar el móvil? B: Sí, claro, recárgalo.

1. ＿＿ A: ¿Puedo encender el aire acondicionado? B: ＿＿＿＿＿＿＿＿＿＿＿＿＿＿＿＿
2. ＿＿ A: ¿Puedo sentarme en el sofá? B: ＿＿＿＿＿＿＿＿＿＿＿＿＿＿＿＿
3. ＿＿ A: ¿Puedo conectarme a la red wifi? B: ＿＿＿＿＿＿＿＿＿＿＿＿＿＿＿＿
4. ＿＿ A: ¿Puedo subir el volumen de la tele? B: ＿＿＿＿＿＿＿＿＿＿＿＿＿＿＿＿
5. ＿＿ A: ¿Puedo abrir la ventana? B: ＿＿＿＿＿＿＿＿＿＿＿＿＿＿＿＿

B 枠内から動詞を選び、適切な時制に活用させて文を完成させましょう。 Elige un verbo del recuadro y completa las siguientes frases con el tiempo adecuado.

deber	estudiar	hacer	poder	hablar

1. Yo que tú, ＿＿＿＿＿＿＿＿＿ esta noche para el examen de mañana.
2. Es importante que ＿＿＿＿＿＿＿＿＿ (tú) con tus amigos.
3. Espero que ＿＿＿＿＿＿＿＿＿ (ustedes) ir a la fiesta.
4. Es una reunión importante, ＿＿＿＿＿＿＿＿＿ (vosotros) llegar pronto.
5. Todavía no ＿＿＿＿＿＿＿＿＿ los deberes. ¡Y mañana tengo clase!

C パーティにいます。何と言いますか。Estás en una fiesta. ¿Qué dices para...?

1. お祝いを言ってプレゼントを渡す。Felicitar y dar un regalo.
2. 家に入るように言う。Invitar a entrar en casa.
3. 友人を紹介する。Presentar a un amigo.
4. 帰ることを伝える。Anunciar que te vas.
5. さよならを言う。Despedirte.

D 自己評価　Evalúate según el número de respuestas acertadas.

12-15: Muy bien　　　8-11: Bien　　　4-7: Regular　　　0-3: No muy bien

自由課題　振 り 返 り　Reflexión sobre lo aprendido

1. この課で学んだことをまとめましょう。¿Por qué no haces un resumen sobre lo que has aprendido en esta unidad?
2. 何が1番面白かったですか。他に何か知りたいことはありますか。¿Qué te ha gustado más? ¿Quieres saber algo más?
3. この課の目標を達成しましたか。¿Has logrado los objetivos de la unidad? ¿Eres capaz?

Estudiar en el extranjero

この課の目標　Seré capaz de:

● 希望や好みを述べたり、意見を言ったり、人に何かを勧めたりすることができる。Expresar deseos, gustos, opiniones y recomendaciones.

● ある国でするべきではないことや、その国の習慣について、質問したり話したりすることができる。 Preguntar y hablar sobre cosas que no se deben hacer y costumbres de un país.

● スペイン語圏から来たばかりの留学生のためのガイドブックを準備することができる。Preparar una guía para estudiantes hispanohablantes que acaban de llegar a tu universidad.

A ビデオを見て読み、下線部を関係ある写真と結びましょう。Mira el vídeo, lee y relaciona las partes subrayadas con las fotos.

Miki: ¿Sabes? Mis padres quieren que ❶estudie en el extranjero.

Diego: Te recomiendo que ❷vayas a Madrid o a Salamanca.

Miki: He oído que vivir allí es muy caro, ¿es verdad?

Diego: No, no es verdad que ❸sea caro.

Miki: ¡Qué bien! Podré ir de compras todos los domingos.

Diego: No creo que las tiendas ❹abran los domingos. Pero hay mucha fiesta por la noche.

Miki: A mis padres no les gusta que ❺salga por la noche.

B 🔊 **A**の会話の一部を変えて練習しましょう。Practica el diálogo **A** con tu compañero. Intenta cambiar algunas partes.

接続法現在 4　Presente de subjuntivo (IV)

creer que + 直説法(indicativo) / no creer que + 接続法(subjuntivo)

1 A 読みましょう。知らない語は先生に聞きましょう。Lee. Pregunta al profesor las palabras que no sabes.

En España

1. Muchas tiendas abren los domingos.

2. En Madrid el metro funciona hasta muy tarde.

3. Los domingos muchos españoles hacen sobremesa después de comer.

4. Muchos españoles tienen un mes de vacaciones en verano.

5. Los españoles comen a las doce.

6. Las tiendas pequeñas cierran a la hora de comer, de dos a cinco de la tarde.

7. A los españoles les gusta ir de tapas.

8. Muchos niños vuelven del colegio para comer en casa.

9. Cada familia tiene tres o cuatro hijos de media.

1 B 🗣 **1 A**で言っていることは正しいと思いますか。下の図を見て用法を確認し、話しましょう。¿Crees que las frases de **1 A** son verdaderas? Mira los esquemas y habla con tu compañero.

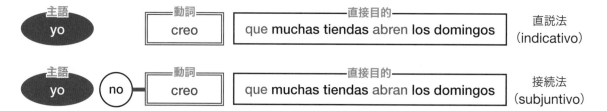

Modelo:

A: Yo creo que en España muchas tiendas abren los domingos.

B: Yo no estoy de acuerdo. No creo que en España las tiendas **abran** los domingos.

1 C 🗣 文章を読んで、**1 A**の内容が正しいかどうか確かめましょう。情報がない場合はペアの相手に聞いてください。また相手の質問に答えましょう。Lee individualmente y comprueba si es verdad lo que se dice en **1 A**. Pregunta a tu compañero la información que no tienes y contesta a sus preguntas.

Alumno A   Alumno B → p.123

En España muchas tiendas no abren los domingos, y muchas tiendas cierran a la hora de comer. Los españoles en general comen a las dos o dos y media. Muchos niños vuelven del colegio para comer en casa. Los domingos muchos hacen una sobremesa larga después de comer para tomar café y charlar.

Modelo:

A: ¿Es verdad que el metro funciona hasta muy tarde?

B: Sí, es verdad que el metro funciona hasta muy tarde, hasta las dos de la mañana.

1 D **1 A**の内容について、文を書きましょう。Escribe frases sobre **1 A**.

No es verdad que las tiendas pequeñas abran los domingos.

Es verdad que muchas tiendas cierran a la hora de comer.

recomendar que + 接続法(subjuntivo)

2 A 🗣 写真を見て、それぞれの語や表現の意味を確認しましょう。 Mira las fotos y comprueba el significado de cada palabra o expresión.

1. dinero　　2. monedas　　3. billetes　　4. pagar en efectivo　　5. pagar con tarjeta de crédito

2 B 動詞recomendarを直説法現在に活用し、適切な間接目的人称代名詞を入れて文を完成させましょう。 Completa con el verbo *recomendar* en presente y con un pronombre.

1. Yo _____ *le* _____ *recomiendo* _____ este libro a María.
2. Tú _____ _____ este libro a tus padres.
3. Él _____ _____ este libro a mí.
4. Nosotros _____ _____ este libro a vosotros.
5. Vosotros _____ _____ este libro a nosotros.
6. Ellos _____ _____ este libro a ti.

2 C 図を見て構文を確認してから、指示された相手に対するアドバイスを、それぞれ不定形を使った表現と、接続法を使った表現を両方書きましょう。 Fíjate en el esquema y escribe dos recomendaciones, una con infinitivo y otra con subjuntivo.

主語 yo　間接目的 le　動詞 recomiendo　a Ana

直接目的
este banco
pagar en efectivo
que pague en efectivo

=

2つの文に意味の違いはありません。
No hay diferencia de significado.

例) María: recomendar / su marido: pagar en efectivo
→María le recomienda a su marido pagar en efectivo.
　María le recomienda a su marido que pague en efectivo.

1. el profesor: recomendar / nosotros: cambiar el dinero en un banco
2. mi hermano: recomendar / yo: guardar algunas monedas como recuerdo
3. los padres de Hiro: recomendar / Hiro: no llevar billetes grandes
4. el dependiente: recomendar / vosotros: pagar con tarjeta de crédito

querer que + 接続法(subjuntivo)

3 A 👥 図を見て構文を確認しましょう。 Fíjate en el esquema.

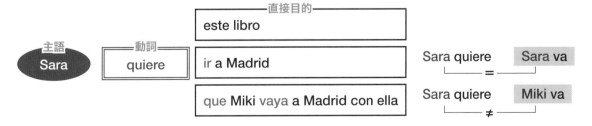

主語 Sara　動詞 quiere

直接目的
este libro
ir a Madrid
que Miki vaya a Madrid con ella

Sara quiere ／ Sara va
=

Sara quiere ／ Miki va
≠

3 B 例のように文を書きましょう。 Forma frases como en el ejemplo.

例) yo: querer / yo: ir a Madrid → Quiero ir a Madrid.

1. mis amigos: querer / yo: ir a Madrid
2. el profesor: querer / nosotros: estudiar más
3. mi padre: querer / mi hermano: estudiar más
4. mi familia: querer / mi familia: viajar por Europa
5. tus padres: querer / tú: viajar por Europa

gustar que + 接続法（subjuntivo）

4 図を見て構文を確認してから例のように文を書きましょう。 Fíjate en el esquema y escribe.

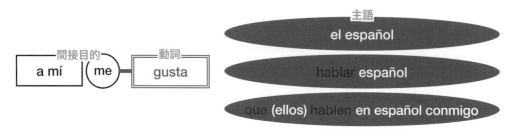

例) a mí: gustar / yo: salir a comer los domingos

→ A mí me gusta salir a comer los domingos.

1. a mis amigos: gustar / yo: salir a comer los domingos con ellos
2. al profesor de José: gustar / José: tener amigos japoneses para practicar japonés
3. a nosotros: gustar / nuestro profesor: ser un poco estricto
4. a Maho y a su novio: gustar / Maho y su novio: estudiar juntos en la biblioteca
5. a mí: gustar / haber una cafetería en el campus

命令 5 Imperativo (V)

5 A 図を見てvosotrosで話す相手に対する肯定命令文の作り方を確認しましょう。 Mira el esquema.

語尾をdにする
Cambiar r por d

代名動詞
verbos pronominales

5 B túとvosotrosで話す相手に対する肯定命令文をそれぞれ書きましょう。 Escribe el imperativo *tú* y *vosotros*.

例) hacer amigos → Haz amigos. / Haced amigos.

1. escribir mensajes en japonés
2. comprar un teléfono móvil
3. quitarse los zapatos al entrar en casa
4. ponerse en contacto con la agencia
5. sentarse cerca de la profesora

6 A 例を読んで正しい方を選びましょう。Lee y elige la opción correcta.

usted, ustedesの命令 Imperativo *usted* y *ustedes*

Usted pasa.	→	Pase.
Ustedes pasan.	→	Pasen.
Usted me dice.	→	Dígame.
Ustedes me dicen.	→	Díganme.
Usted se sienta.	→	Siéntese.
Ustedes se sientan.	→	Siéntense.

すべての人称の否定命令 Imperativo negativo

Tú no pasas.	→	No pases.
Tú no te levantas.	→	No te levantes.
Usted no se levanta.	→	No se levante.
Usted no me lo dice.	→	No me lo diga.
Vosotros no me lo decís.	→	No me lo digáis.
Ustedes no se sientan.	→	No se sienten.

ustedとustedesの肯定命令 Imperativo de *usted* y *ustedes*	動詞： 代名詞：	直説法 / 接続法 動詞の前 / 後	Verbo: *indicativo / subjuntivo* Pronombres: *después / antes* del verbo
否定命令 Imperativo negativo	動詞： 代名詞：	直説法 / 接続法 動詞の前 / 後	Verbo: *indicativo / subjuntivo* Pronombres: *después / antes* del verbo

6 B 肯定命令文、否定命令文の両方を書きましょう。Forma frases con imperativo afirmativo y negativo.

例) tú: comprar regalos   Compra regalos. / No compres regalos.

1. usted: pagar con tarjeta de crédito
2. tú: cambiar el dinero en el aeropuerto
3. vosotros: charlar mucho después de comer
4. usted: preocuparse
5. ustedes: ir a Salamanca en autobús

無人称の se *Se impersonal*

7 A 聞いて読み、seを使った文の使い方を話しクラスで確認しましょう。Escucha y lee. ¿Cuándo se usa *se*? Habla y comprueba en clase.

a) ¿Cuánto se tarda de tu casa a la escuela?

b) ¿Cuánto tardas de tu casa a la escuela?

c) No se debe fumar en lugares públicos.

d) No debes fumar.

7 B 以下の事柄で、日本でしてはいけないことはどれですか。他の国はどうでしょうか。下の表現を使って話しましょう。¿Cuáles son las cosas que no se deben hacer en Japón? ¿Y en otros países? Utiliza estas expresiones.

1. entrar en casa con zapatos
2. coger el plato y llevarlo a la boca
3. hablar por teléfono en el tren
4. hablar en voz alta en el tren o en el metro
5. saludar con la mano izquierda
6. hablar de política

se debe	no se debe	se puede	no se puede

Modelo:

A: En Japón no se debe entrar en casa con zapatos.
B: Sí, pero en Estados Unidos se puede entrar en casa con zapatos.
C: Creo que en España también se puede entrar en casa con zapatos.

日本人学生のスペイン生活　Vida de una estudiante japonesa en España

1 A 🔊 日本の大学生の美紀はスペインに留学中で、日本に住んでいる友人のDiegoに手紙を書きました。聞いて下線部を埋めましょう。Miki, una estudiante japonesa que ha ido a estudiar a España, escribe un correo a Diego, que vive en Japón. Escucha y completa.

1. Miki vive en _____.
2. En la clase de Miki, hay estudiantes de muchas _____.
3. La gente de España es muy _____.
4. Los españoles comen y cenan _____.
5. Las tiendas no abren los _____.

1 B 🔊 もう一度聞き、表を完成させましょう。Escucha otra vez y completa la tabla.

A Miki le gusta	A Miki no le gusta

1 C 読んで確認しましょう。Lee y comprueba.

¡Hola, Diego!

¿Qué tal en Osaka? ¿Te has acostumbrado ya a la vida en Japón o echas mucho de menos Madrid? Yo ya llevo un mes en Salamanca. ¡Me encanta estudiar aquí!

En mi clase hay estudiantes de muchas nacionalidades. Me gusta que mis compañeros hablen mucho porque así aprendo más. También me encanta que los profesores sean simpáticos y que tengan mucha energía en clase.

La vida en España es muy diferente, ¿verdad? Me encanta que la gente sea alegre y que las personas siempre estén en la calle, paseando o tomando tapas en una terraza. Pero todavía tengo problemas con los horarios. ¡No me gusta que los españoles coman y cenen tarde y que las tiendas no abran los domingos!

El próximo fin de semana mis compañeros de piso van a ir a Madrid y quieren que vaya con ellos.

¿Necesitas alguna cosa de Madrid? ¿Quieres que te envíe algo a Japón?
¡Un abrazo! Miki

1 D 🗣 美紀のサラマンカの友人について次の内容で話しましょう。Estos son los compañeros de Miki en Salamanca. Pregunta y contesta a tu compañero.

Alumno A　　　　　　　　　　　　　　　　　　　　　　　　　　　　　Alumno B → p.123

	Pierre Francia	Mary Jean Canadá	Kwan Corea	Pietro Italia
¿Cuánto tiempo lleva en Salamanca?		Cuatro meses.		Un mes.
¿Echa de menos su país?		Echa un poco de menos a sus amigos.		Sí, especialmente el café.
¿Qué le gusta de la clase de español?		Hay un descanso para tomar café a las once.		Los estudiantes hablan mucho.

Modelo:

A: ¿Cuánto tiempo lleva Pierre en Salamanca?

B: Lleva quince días.

A: ¿Echa de menos su país?

B: Sí, especialmente a su familia.

A: ¿Qué le gusta de la clase de español?

B: Le gusta que los profesores pongan películas españolas.

1 E 美紀や友人達が他の人にしてもらいたいことは何でしょうか。話しましょう。¿Qué quieren Miki y sus compañeros? Mira la información y habla.

Modelo:

A: Miki no habla mucho en clase.

B: Es verdad. Pierre quiere que Miki hable mucho en clase.

1. Miki no sale a tomar tapas todos los días. / Pietro
2. Mary Jean y Pierre hablan a veces en inglés. / Miki
3. Kwan no sale nunca por la noche. / Mary Jean
4. Miki no conoce Madrid. / Los compañeros de piso

2 A 美紀のスペイン人の友人のDiegoはスペインには他にも次のようなものがあるという返事を書きました。読んで写真と結びましょう。Diego, el amigo español de Miki, le ha escrito las siguientes cosas sobre España. Léelas y relaciónalas con las fotos.

a)

b)

c)

d)

e)

1. Nos gusta mucho ir de tapas. En algunos bares, si pides una bebida, te dan una tapa.

2. Hacemos sobremesa después de comer. Tomamos café y hablamos de muchas cosas durante mucho tiempo.

3. En España hay mucho ruido, en las calles, en los bares, en las tiendas... Hablamos muy alto.

4. Si necesitas dinero, no olvides que los bancos solo están abiertos de lunes a viernes por la mañana.

5. Las tiendas están cerradas a la hora de comer.

2 B Diegoの返事にある習慣についての自分の意見を、日本と比べて話しましょう。Di tus opiniones sobre las costumbres que comenta Diego, comparando con Japón.

Modelo:

A: Diego dice que en algunos bares, si pides una bebida, te dan una tapa.

B: ¡Qué bien! No me gusta que en Japón no haya tapas.

意見　Opiniones

3 A 🔊 日本に住んでいる Diego はスペインの友人たちから次のようなメッセージを受け取りました。読んで写真に記号を書きましょう。聞いて確認しましょう。Diego recibe estos mensajes de sus amigos españoles. Léelos y relaciónalos con las fotografías. Escucha y comprueba.

1.  b

2.

3.

4.

5.

6.

a) Víctor: Diego, creo que en Harajuku, en Tokio, los sábados y los domingos todos llevan ropa muy extraña. ¿Es verdad?	b) Irene: Oye, me han dicho que en los trenes en Japón todos miran el móvil y hay mucho silencio. ¡Qué extraño!	c) Juan Antonio: En Japón hay trenes y metro toda la noche, ¿verdad? ¡Imagino que sales mucho!
d) Ana María: Diego, ¿es verdad que los japoneses ya no compran cámaras de fotos y que todos hacen fotos con el móvil?	e) Sara: Oye, he oído que los japoneses tienen en casa gafas de realidad virtual. ¡Yo también quiero unas!	f) Juana: ¿Qué tal, Diego? He oído que muchos japoneses llevan katana. ¡Jajaja!

3 B 👥 ③Aの意見に賛成か反対か話しましょう。¿Estás de acuerdo con las personas de ③A?

Modelo:
A: Yo estoy de acuerdo con Irene. Yo creo que todos miramos el móvil en los trenes.
B: Yo no estoy de acuerdo. Yo no creo que todos miremos el móvil en los trenes.
C: Yo no estoy de acuerdo con Juan Antonio. No es verdad que haya trenes y metro toda la noche.

3 C ③Aの友人達への返事をノートに書きましょう。Ayuda a Diego a contestar los mensajes de ③A. Escribe en tu cuaderno.

Hola, Víctor. ¡No es verdad que en Harajuku todos lleven ropa extraña!

¿Qué tal, Irene? Sí, sí. Es verdad que en los trenes japoneses hay mucho silencio.

3 D 👥 スペインやイスパノアメリカの生活について聞いたことがあることはありますか。次の表現を使って話しましょう。¿Has oído algunas cosas de la vida de España o Hispanoamérica? Habla con tus compañeros y usa estas expresiones.

Me han dicho que　　He oído que　　Creo que　　¡Qué extraño!　　¿Es verdad?

Modelo:
Me han dicho que en México la gente se levanta muy pronto. ¿Es verdad?

私達の大学にようこそ　Bienvenidos a nuestra universidad

4 A 🔊 **Diego は大学の友人がスペイン語圏の学生向けのガイドブックを作るのを手伝っています。聞いて読みましょう。** Diego ayuda a sus compañeros de la universidad a preparar una guía para los estudiantes hispanohablantes. Escucha y lee.

¡Bienvenidos a nuestra universidad! Esperamos que en los próximos meses aprendáis mucho y lo paséis muy bien en la universidad. Vivir en Japón es una oportunidad única. Os damos algunos consejos.

Moneda y precios

- La moneda en Japón es el yen (¥). Normalmente se paga en efectivo, pero muchas tiendas aceptan tarjetas de crédito.
- Os recomendamos que comáis en el comedor de estudiantes, donde tenéis menús desde 350 yenes. ¿Habéis probado el *ramen*? Id a *Taro*, un restaurante que está cerca de la estación.

- Os recomendamos que compréis una tarjeta SIM para el teléfono y que abráis una cuenta en el banco.
- No es necesario que llevéis el pasaporte, pero debéis llevar siempre la tarjeta de residencia.

Cuando lleguéis a Japón

En la universidad

- Estudiad mucho japonés y asistid a las clases.
- ¡No seáis tímidos! ¡Haced amigos y practicad japonés!
- Es importante que habléis mucho con los profesores también.

¿Buscáis alojamiento?

- Para buscar alojamiento, poneos en contacto con la oficina internacional de la universidad.

En vuestro tiempo libre

- Es importante que visitéis los lugares más famosos de la ciudad. Tenéis que ir a Dotonbori y visitar el castillo de Osaka.
- Explorad vuestro barrio.
- Si queréis trabajar en Japón, comenzad a buscar tan pronto como lleguéis. Podéis ganar unos mil yenes por hora.

4 B 👥 **自分たちの大学にスペイン語圏から来た学生のためのガイドを作りましょう。2つか3つのテーマを考え具体的な詳しい情報（レストランの名前や銀行の場所など）をできるだけ詳しく書きましょう。** Prepara una guía para estudiantes hispanohablantes extranjeros que acaban de llegar a tu universidad. Piensa los temas y dos o tres recomendaciones para cada tema. Añade informaciones concretas y detalladas (nombre de restaurantes, dónde está el banco, etc.).

ビデオ

▶️ **ビデオを見て、指示に従いましょう。** Mira el vídeo y sigue las instrucciones.

A 例のように、写真に関連した内容で自分の意見を言う文を書きましょう。Escribe tus opiniones en relación con las fotos.

例)　　　　　1.　　　　　2.　　　　　3.　　　　　4.　　　　　5.

例)　No es verdad que en Japón haya trenes y metro toda la noche.

1. _____

2. _____

3. _____

4. _____

5. _____

B 文を自由に完成させましょう。Completa las siguientes frases libremente.

1. No creo que _____

2. No es verdad que _____

3. Me gusta que _____

4. Te recomiendo que _____

5. Quiero que _____

C 次のような場合、スペイン語で何と言いますか。¿Qué dices en las siguientes situaciones?

1. 日本では 10 時に夕食を食べるというのが本当かどうか聞かれた。Te preguntan si es verdad que en Japón se cena a las 10:00 de la noche.

2. 家から大学までどのくらいかかるか聞かれた。Te preguntan cuánto se tarda de tu casa a la universidad.

3. 日本でやってはいけないことを相手に言う。Dile a tu compañero algo que no se puede hacer en Japón.

4. 相手にクレジットカードで支払うように勧める。Recomienda a tu compañero pagar con tarjeta de crédito.

5. 先生にやってほしくないことを言う。Dile a tu profesor algo que no te gusta que haga.

D 自己評価　Evalúate según el número de respuestas acertadas.

12-15: Muy bien　　　8-11: Bien　　　4-7: Regular　　　0-3: No muy bien

自由課題　振　り　返　り　Reflexión sobre lo aprendido

1. **この課で学んだことをまとめましょう。**¿Por qué no haces un resumen sobre lo que has aprendido en esta unidad?

2. **何が 1 番面白かったですか。他に何か知りたいことはありますか。**¿Qué te ha gustado más? ¿Quieres saber algo más?

3. **この課の目標を達成しましたか。**¿Has logrado los objetivos de la unidad? ¿Eres capaz?

Cambios sociales en España e Hispanoamérica

> この課の目標　Seré capaz de:
>
> ●重要な社会の変化や問題点について、質問したり話したりすることができる。Preguntar y hablar sobre cambios y problemas sociales importantes.
>
> ●解決法を提案することができる。Proponer soluciones.

A ▶ 🎬 ♪ Nieves と広が住みたいと思う所について話しています。ビデオを見て読みましょう。Nieves y Hiro hablan del lugar donde les gustaría vivir. Mira el vídeo y lee.

1.

Nieves: Imagina que puedes vivir en un país del mundo hispano. ¿En cuál te gustaría vivir?

Hiro: No sé, en un país donde la gente tenga muchas vacaciones y donde haya muchas playas.

2.

Hiro: ¿Y a ti? ¿Dónde te gustaría vivir?

Nieves: Yo quiero vivir en un lugar donde los salarios sean altos. Y donde no haya problemas sociales, como racismo o violencia.

B 👥 自分自身のことについて書き、グループで発表しましょう。Completa y presenta con tu grupo.

¿Dónde te gustaría vivir?

1. Me gustaría vivir en un país donde haya _____.

2. Me gustaría vivir en un lugar donde la gente _____.

3. Me gustaría vivir en un lugar donde _____.

接続法現在 5　Presente de subjuntivo (V)

para que + 接続法(subjuntivo)

1 A　下線部にそれぞれの文の主語を書き左右を結びましょう。Escribe el sujeto y relaciona.

1. Tenemos que comer bien. (_nosotros_)
2. He comprado esta canción. (_____)
3. El profesor nos manda deberes. (_____)
4. Aprendo español. (_____)
5. Tienes que hablar más alto. (_____)

a) La escucho en el tren. (_____)
b) Vivimos muchos años. _nosotros_
c) Podemos comunicarnos en español. (_____)
d) Estudiamos en casa. (_____)
e) Todos te oímos. (_____)

1 B　図を見て **1** A の左右の内容を para で結び、文を書きましょう。Fíjate y completa con **1** A.

yo | compro | este libro | para | María / leerlo / que lo leas tú

yo compro = yo leo
yo compro ≠ tú lees

1. Tenemos que comer bien para vivir muchos años.
2. He comprado esta canción para
3. El profesor nos manda deberes para
4. Aprendo español para
5. Tienes que hablar más alto para

aunque + 直説法(indicativo) / 接続法(subjuntivo)

2 A 🔊 聞いて読みましょう。Escucha y lee.

1. A: ¿Hay clase el sábado?
   B: No lo sé.
   A: Pues aunque **haya** clase no puedo ir.

2. A: El sábado hay clase, ¿verdad?
   B: Sí, hay clase.
   A: Pues aunque **haya** clase, no puedo ir.

3. A: El sábado, aunque **hay** clase, no puedo ir.
   B: ¿Hay clase? No lo sabía.

2 B 👥 表を見て aunque の使い方を確認しましょう。Lee la explicación.

aunque の使い方　Usos de *aunque*

1. たとえ～でも		Aは知らない A no sabe.	接続法 subjuntivo	aunque **haya** clase...
2. ～かもしれないが	Aは知っている A sabe.	AはBが知っていると思う A piensa que B sabe.	接続法 subjuntivo	aunque **haya** clase...
3. ～だけれども	Aは知っている A sabe.	AはBが知らないと思う A piensa que B no sabe.	直説法 indicativo	aunque **hay** clase...

2 C 🔊 動詞を適切な形で入れて会話を完成させましょう。聞いて確認しましょう。Completa. Después escucha y comprueba.

Blas: ¿Sabes? Aunque en Japón los salarios _____ (ser) altos, los jóvenes no pueden comprar una casa.

Ana: ¿Y hay muchas vacaciones?

Blas: Sí, pero aunque _____ (haber) muchas vacaciones, los trabajadores no pueden tomarlas.

Ana: ¿Y cómo es la situación de las mujeres?

Blas: Aunque muchas mujeres _____ (trabajar), reciben menos salario que los hombres. ¿Y tú? Todavía estudias en la universidad y no tienes hijos, pero... ¿qué harás en el futuro?

Ana: Creo que, en el futuro, aunque _____ (tener) hijos, seguiré trabajando y aunque _____ (estar) muy ocupada, haré las actividades que me gustan. Por ejemplo, aunque no _____ (tener) muchas vacaciones, viajaré al extranjero todos los años.

大きな数字　Números grandes

3 A 🔊 👁 図で確認し下の数字を聞いて読みましょう。Escucha y lee este número. Fíjate en el esquema.

> 132 423 561 ciento treinta y dos millones cuatrocientos veintitrés mil quinientos sesenta y uno

ciento treinta y dos

cuatrocientos veintitrés

quinientos sesenta y uno

132 423 561

millones　　　**mil**

- Japonés: 132,423,561　　**Español: 132 423 561**
- 1000 → **mil**, 1 000 000 → **un millón**
- ~~uno~~ → **un**: 31 000 treinta y un mil, 21 000 000 veintiún millones
- **Femenino**: 421 561 personas → cuatrocientas veintiún mil quinientas sesenta y una personas

3 B 🔊 空欄を埋め、聞いて確認しましょう。Lee y completa. Después, escucha y comprueba.

1. 1500: _____ quinientos
2. 1 500 000: _____ millón quinientos mil
3. 51 000: _____ mil
4. 61 000 000: _____ millones
5. 1100 cafeterías: _____ cien cafeterías
6. 230 cafeterías: _____ treinta cafeterías
7. 200 000 personas: _____ mil personas
8. 120 000 personas: _____ mil personas

3 C 🔊 数字を聞いて、算用数字で書きとりましょう。Escucha los números y escribe en números arábigos.

1.	2.	3.
4.	5.	6.

派生語　Palabras derivadas

4 🔊 表の語と似た形で、左の文字列で終わる名詞を辞書で探しましょう。意味に注目してください。Busca en el diccionario sustantivos parecidos a las palabras de la tabla con el sufijo indicado. Fíjate en el significado.

-dad	unir	enfermo	igual	fácil	especial
	unidad				
-ismo	raza	alcohol	tabaco	buda	capital
	racismo				
-ción	informar	adicto	emigrar	inmigrar	crear
	información				

関係詞 3: 直説法と接続法　Relativos (III): Indicativo y subjuntivo

5 A 図を見て用法を確認しましょう。またそれぞれの列から1つずつ選んで結びましょう。Fíjate en el esquema. Relaciona.

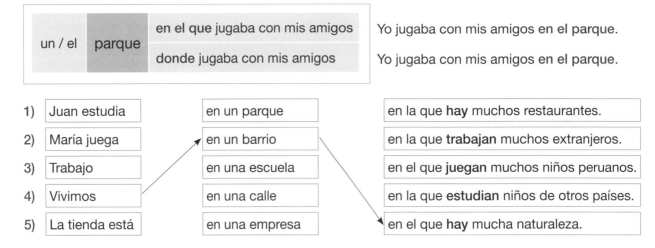

un / el	parque	en el que jugaba con mis amigos	Yo jugaba con mis amigos en el parque.
		donde jugaba con mis amigos	Yo jugaba con mis amigos en el parque.

1) Juan estudia — en un parque — en la que **hay** muchos restaurantes.
2) María juega — en un barrio — en la que **trabajan** muchos extranjeros.
3) Trabajo — en una escuela — en el que **juegan** muchos niños peruanos.
4) Vivimos — en una calle — en la que **estudian** niños de otros países.
5) La tienda está — en una empresa — en el que **hay** mucha naturaleza.

5 B 🔊 2/32 聞いて読みましょう。Escucha y lee.

Juan: Nosotros vivimos en un barrio donde hay mucha naturaleza.

Ana: ¡Qué bien! Yo también quiero vivir en un barrio donde haya mucha naturaleza.

5 C 下の図を見て、接続法現在を使って文を完成させましょう。**5 A**の表現を使ってください。Fíjate en el esquema. Escribe las frases usando las expresiones de **5 A**. Conjuga los verbos en presente de subjuntivo.

un / el	barrio	en el que / donde hay mucha naturaleza
un		en el que / donde haya mucha naturaleza

既知の先行詞 (conocido)
　→直説法現在 (indicativo)
未知の先行詞 (desconocido)
　→接続法現在 (subjuntivo)

1. Juan quiere estudiar en una escuela donde <u>estudien niños de otros países.</u>
2. María quiere jugar en un parque donde _____
3. Quiero trabajar en una empresa donde _____
4. Queremos vivir en un barrio donde _____
5. Quiero abrir una tienda en una calle donde _____

lo que + 直説法(indicativo) ／ 接続法(subjuntivo)

6 A 表を見て用法を確認し el, la, los, las, lo のいずれかを入れましょう。Mira la tabla y completa con *el, la, los, las, lo.*

el que	el chico que está estudiando	→	el que está estudiando
la que	la revista que he comprado	→	la que he comprado
los que	los libros que he comprado	→	los que he comprado
las que	las chicas que están estudiando	→	las que están estudiando
lo que	las cosas que ha dicho el profesor	→	lo que ha dicho el profesor

1. Mi hijo va a la escuela de otro barrio. _____ que está cerca de mi casa es una escuela solo para niñas.

2. A: ¿Quién es Alfonso? B: Es _____ que está hablando con tu hermano.

3. He entendido muy bien _____ que dices, pero no estoy de acuerdo contigo.

4. No me gustan estas sillas. _____ que están ahí son mejores.

6 B 🔊 聞いて読みましょう。直説法と接続法でどのような違いがありますか。Escucha y lee. ¿Qué diferencia hay entre las frases con indicativo y subjuntivo?

Julián: Estoy pensando estudiar un año en Portugal, pero no sé en qué ciudad.

Pepa: ¿Le has preguntado ya a tu profesor?

1

??????

Julián: No, todavía no.

Pepa: Te recomiendo que hagas **lo que te diga** el profesor. Conoce muy bien Portugal.

2

Te recomiendo que vayas a Coimbra.

Julián: Sí, me ha recomendado que vaya a Coimbra.

Pepa: Entonces haz **lo que te ha dicho** el profesor. Conoce muy bien Portugal.

6 C 直説法現在か、接続法現在のいずれかに活用させて文を完成させましょう。Completa con indicativo o subjuntivo.

1. A: No sé si debo ir a México o a Argentina. B: Haz lo que _____ (querer, tú).

2. A: No te entiendo. B: Lo que _____ (querer, yo) decir es que debes leer más libros.

3. A: ¡No voy a poder terminar este trabajo! B: No te preocupes. Haz lo que _____ (poder, tú).

昔と今：スペインの変化　Así éramos y así somos: cambios en España

1 A 左の列の語の意味がわかりますか。右の説明と結んでから先生に確認しましょう。¿Entiendes el siguiente vocabulario? Relaciona las columnas. Comprueba con el profesor.

1. esperanza de vida
2. paro
3. emigración
4. Erasmus
5. matrimonio homosexual
6. tabaquismo
7. igualdad de género

a) ir a vivir a otro país
b) estudiar en otro país de Europa
c) cuántos años viven las personas
d) tener adicción al tabaco
e) no tener trabajo
f) mismas oportunidades para las mujeres y los hombres
g) dos hombres o dos mujeres casados

1 B 読んで、**1**Aの左の列の語を使って文章を完成させましょう。Completa los siguientes textos con el vocabulario de la columna de la izquierda de **1** A.

1. España es uno de los países con mayor

   _____:
   83,2 años.

2. España es un país donde hay mucho _____. Mucha gente quiere trabajar, pero no puede.

3. Antes España era un país de _____. Ahora es un país de inmigración, hay 5 542 932 extranjeros.

4. El 3 de julio de 2005 se aprobó la ley del _____. Cada año se casan aproximadamente 5000 parejas del mismo sexo.

5. España es uno de los países que recibe más estudiantes universitarios del programa _____, 77 406. En otros países de Europa estudian 56 891 españoles.

6. Antes el _____ era un serio problema en España. Por eso, en 2011 se prohibió fumar en lugares públicos, como restaurantes, cafeterías...

7. El feminismo es muy importante en España. Millones de mujeres pidieron la _____ en marzo de 2018. Y en 2022, el gobierno tenía 11 ministras y 10 ministros.

2023年の資料です。Datos de 2023.

1 C 🔊 聞いて確認しましょう。Escucha y comprueba.

1 D 👥 **1人が 1 Bの中にある数字を言います。もう1人がそれが何の数字かを言いましょう。** Un estudiante dice uno de los números de 1 B y otro estudiante dice qué significa ese número.

Modelo:

A: Cuatro millones setecientos diecinueve mil cuatrocientos dieciocho.

B: Número de extranjeros que vivían en España en 2018. Ahora yo. Dos mil cinco.

A: El año en el que se aprobó la ley del matrimonio homosexual.

2 A **次の表現を使ってスペインについての文を現在形で書きましょう。1. En España で始まる文と 2. España を主語にする文を分けて書いてください。** Escribe frases en presente sobre España usando expresiones del recuadro. Clasifícalas: 1. Empieza con *En España* y 2. *España* es el sujeto de la frase.

> * (no) haber _mucho / poco_ paro
> * (no) tener una esperanza de vida _larga / corta_
> * (no) haber _muchos / pocos_ inmigrantes
> * (no) haber _muchos / pocos_ estudiantes extranjeros
> * (no) aceptar el matrimonio homosexual
> * (no) estar prohibido fumar en lugares públicos
> * (no) haber igualdad de género

1. En España hay mucho paro.	2. España tiene una esperanza de vida larga.

2 B 👥 **スペインはどのような国でしょうか。日本はどうですか。 2 Aの表現を使って話しましょう。** ¿Cómo es España? ¿Y Japón? Habla usando las expresiones de 2 A.

Modelo 1:

A: España es un país donde hay mucho paro.

B: Japón es un país donde hay poco paro. Pero no es fácil encontrar el trabajo que nos gusta.

Modelo 2:

A: España es un país que tiene una esperanza de vida larga.

B: Sí, Japón tambien es un país que tiene una esperanza de vida larga.

2 C 👥 **将来はどのようなところに住みたいかについて話しましょう。** ¿En qué tipo de país o lugar te gustaría vivir?

Modelo:

A: En el futuro, quiero vivir en un lugar donde esté prohibido fumar en lugares públicos y donde haya igualdad de género.

B: A mí me gustaría vivir en un país donde se hable español y la gente tenga muchas vacaciones.

3 A 右と左を結びましょう。Relaciona.

1. Para que no haya paro,

2. Para vivir muchos años,

3. Para vivir en una sociedad sin racismo,

4. Para que haya muchos estudiantes extranjeros,

5. Para que dos hombres o dos mujeres puedan casarse,

6. Para que la gente no fume en lugares públicos,

7. Para que realmente haya igualdad de género,

a) es necesario que vengan más inmigrantes y los aceptemos.

b) tiene que haber programas de intercambio en las universidades.

c) es importante que las mujeres ganen el mismo salario que los hombres.

d) hay que crear muchas empresas privadas.

e) es necesario que haya una ley de matrimonio homosexual.

f) es necesario que el precio del tabaco suba.

g) tenemos que comer bien y hacer deporte.

3 B 3Aのテーマから4つ選んで、それぞれに別のオプションを考えましょう。Piensa una opción más para cuatro de los temas de 3 A.

3 C 🔊 聞いて読みましょう。Escucha y lee.

Estudiantes extranjeros

En Reino Unido hay más de 605 000 estudiantes universitarios extranjeros, en  España aproximadamente 175 000 y en Japón 242 444. Es muy importante que los países reciban muchos estudiantes extranjeros. Para que haya más estudiantes extranjeros, hay que crear programas de intercambio y las universidades tienen que abrir clases en inglés.

Esperanza de vida

Japón es el primer país con mayor esperanza de vida al nacer, con una media de 84,3 años.  España es el quinto, con una media de 83,2 años. Para vivir muchos años tenemos que comer bien y hacer ejercicio. También es muy importante no fumar y tener un trabajo donde no tengamos estrés. A mí me gustaría vivir en un país que tenga una esperanza de vida larga.

3 D グループで3Aのテーマから1つを選び3Cのような文章を書きます。クラスで発表しましょう。
Elige un tema de 3 A y prepara un texto como los de 3 C. Preséntalo en clase.

より良い社会へ　Hacia una sociedad mejor

4 A 🔊 写真を見てプレゼンを聞きましょう。 Mira las fotos y escucha la presentación.

1.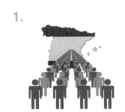
2.
3.
4.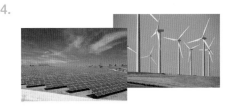

4 B 🔊 もう一度聞いて答えましょう。 Escucha otra vez y contesta.

1. ¿Dónde está España?
2. ¿Cuál es la población de España?
3. ¿Cuál era la tasa de paro en 2018?
4. Señala dos de los temas que se mencionan.
5. Señala dos tipos de energías renovables que hay en España.

4 C 読んで確認しましょう。 Lee y comprueba.

1.	España está en el sur de Europa, al este de Portugal y al sur de Francia. Tiene una superficie de 505 940 km² (kilómetros cuadrados) y una población de 48 196 693 personas. Hay 6 227 092 extranjeros. La capital es Madrid y la moneda es el euro.
2.	España es un país donde hay mucha gente que quiere trabajar y no puede. En 2023 la tasa de paro en España estaba por encima del 13 %. Para que haya menos paro en España hay que ver qué hacen otros países de Europa donde hay menos paro.
3.	España es el quinto país con mayor esperanza de vida al nacer, con una media de 83,2 años. Las mujeres viven 85,7 años de media y los hombres viven 80,7 años. Para vivir muchos años tenemos que comer bien y hacer deporte.
4.	Las energías renovables en España son la energía hidráulica, la energía eólica y la energía solar. Aunque este tipo de energías necesitan mucho espacio y es caro instalarlas, son limpias, seguras e inagotables.

4 D イスパノアメリカの1つの国についてこの課のテーマに関連したプレゼンを手順に沿って準備しましょう。 Prepara una presentación sobre un país de Hispanoamérica, relacionada con el tema de la unidad.

- Decide el país y busca información sobre su localización, número de habitantes, países que tiene alrededor, clima, etc.
- Busca información sobre algún problema o cambio social del país y piensa en posibles soluciones.
- Prepara el texto intentando usar los puntos gramaticales estudiados en la unidad (*donde*, *que, para, aunque*)
- Prepara las diapositivas y haz la presentación en clase.

ビデオ

▶️ ビデオを見て、指示に従いましょう。 Mira el vídeo y sigue las instrucciones.

Unidad 10　目標達成　¿Eres capaz?

A 写真を見て文を完成させましょう。　Fíjate en las siguientes fotos y completa las frases.

例)　　　　　1.　　　　　2.　　　　　3.　　　　　4.　　　　　5.

例) <u>La energía eólica</u> es inagotable y limpia.

1. España es el país que más _____ recibe, 39 277.
2. En marzo de 2018, millones de mujeres pidieron la _____.
3. _____ es limpia y segura.
4. En 2011 se _____ en todos los lugares públicos.
5. Es necesario que haya una ley de _____.

B 次の文を自由に完成させましょう。Completa las siguientes frases libremente.

1. Japón es un país donde _____.
2. Estudio español para _____.
3. Aunque no tenga dinero _____.
4. Hay que crear programas de intercambio para _____.
5. Quiero vivir en un país que _____.

C 次のような場合、スペイン語で何と言いますか。¿Qué dices en las siguientes situaciones?

1. どの国に住んでみたいか聞かれた。Te preguntan en qué país del mundo te gustaría vivir.
2. どのような会社で働きたいか聞かれた。Te preguntan en qué tipo de empresa quieres trabajar.
3. 相手がどうしていいかわからないでいるので思うようにしなさいとアドバイスする。Tu compañero no sabe qué hacer. Dile que haga lo que quiera.
4. 再生可能エネルギーの利点と欠点をひとつずつ言う。Di una ventaja y una desventaja de las energías renovables.
5. どのくらいのお金を銀行に持っていたいか言う。Di cuánto dinero te gustaría tener en el banco.

D 自己評価　Evalúate según el número de respuestas acertadas.

12-15: Muy bien　　　　8-11: Bien　　　　4-7: Regular　　　　0-3: No muy bien

自由課題　振　り　返　り　Reflexión sobre lo aprendido

1. この課で学んだことをまとめましょう。¿Por qué no haces un resumen sobre lo que has aprendido en esta unidad?
2. 何が1番面白かったですか。他に何か知りたいことはありますか。¿Qué te ha gustado más? ¿Quieres saber algo más?
3. この課の目標を達成しましたか。¿Has logrado los objetivos de la unidad? ¿Eres capaz?

Deportes

この課の目標　Seré capaz de:

● さまざまな種類のスポーツやスポーツ選手について、質問したり話したりすることができる。Preguntar y hablar sobre diferentes deportes y deportistas.

● 過去の出来事や行為について、感情を表したり価値判断を表現したりすることができる。Expresar sentimientos o juicios de valor sobre eventos o acciones pasadas.

● 現在あるいは未来で、可能性の低いあるいは全くない条件を使って話すことができる。Expresar condiciones improbables o imposibles en presente o futuro.

A ビデオを見て読み、写真の下にそれぞれの職業を書きましょう。Mira el vídeo, lee y escribe la profesión debajo de cada foto.

David: ¿Jugamos a los deportistas?
Miki: Vale, ¿cómo se juega?
David: Si fueras futbolista, ¿en qué equipo jugarías?
Miki: Jugaría en el Vissel Kobe.
David: Ahora tú.
Miki: Si fueras jugador de béisbol, ¿dónde jugarías?
David: Jugaría en los Gigantes de Tokio. Si fueras patinadora, ¿quién serías?
Miki: Me gustaría ser como Yuzuru Hanyu. ¿Y tú? ¿Quién serías si fueras...?

1)

2)

_____

3)

_____

B 自分自身のことについて書き、話しましょう。Completa y habla con tu grupo.

1. Si fuera futbolista, jugaría en _____.

2. Si fuera jugador/a de béisbol, jugaría en _____.

3. Si fuera patinador/a, me gustaría ser como _____.

4. Si fuera _____, _____.

接続法過去　Pretérito imperfecto de subjuntivo

1 A 写真のイメージを表す最も適切な表現を選んで書きましょう。Relaciona.

1.

_____

2.

clasificación

3.

_____

4.

_____

5.

campeonato

6.

_____

7.

_____

8.

_____

9.

_____

10.

_____

11.

_____

12.

liga

a) medalla de plata	b) récord	c) competición	d) Juegos Olímpicos
e) campeonato	f) medalla de oro	g) liga	h) medalla de bronce
i) clasificación	j) copa mundial	k) campeón	l) partido

1 B 右と左を結びましょう。Relaciona.

1. deportes acuáticos   a) patinaje, esquí

2. deportes de invierno   b) fútbol, béisbol, bádminton, golf

3. deportes de pelota   c) natación, surf, kitesurf, waterpolo

2 A 読んで動詞を点過去に活用し文を完成させましょう。次に事実だと思うか（V）、そうでないか（F）を想像して書きましょう。Lee y conjuga en pretérito perfecto simple. Marca V si crees que es verdad y F si crees que es falso.

1. El béisbol es un deporte muy popular en Cuba, pero no es muy popular en España. （ V / F ）

2. En las escuelas secundarias japonesas, hay más niños que juegan al béisbol que al fútbol. （ V / F ）

3. El béisbol _____ (entrar) en Japón en el siglo XV. （ V / F ）

4. En Japón la liga profesional de béisbol _____ (fundarse) en el siglo XX. （ V / F ）

5. El fútbol _____ (nacer) en España. （ V / F ）

6. La primera Copa Mundial de Fútbol _____ (celebrarse) en Argentina. （ V / F ）

7. Japón _____ (ganar) la medalla de bronce de fútbol en los Juegos Olímpicos de México de 1968. （ V / F ）

8. En 2018 en el Mundial de Fútbol de Rusia, Japón _____ (perder) contra Colombia. （ V / F ）

2 B 2Aの1，2について、Creo que または No creo que を使って文を書き、ペアの相手と比べましょう。Sobre los puntos 1 y 2 de 2A, escribe frases usando *Creo que* o *No creo que*. Compara con tu compañero.

No creo que el béisbol sea un deporte muy popular en Cuba.

2 C 動詞の点過去3人称複数形（ellosを主語とする形）を書きましょう。次に *-ron* を *-ra* に変えた形（接続法過去のyoの形）を書いてください。Escribe la forma de tercera persona en plural del pretérito perfecto simple. Después cambia *–ron* a *–ra*.

不定詞	ganar	entrar	celebrarse	fundarse	nacer	perder
点過去 ellos	ganaron					
接続法過去	ganara					

2 D 🗣 **2**Aの3〜8の内容について話しましょう。Habla sobre los puntos 3–8 de **2**A.

Modelo:

A: Creo que el fútbol nació en España.

B: Yo no creo que el fútbol naciera en España.

2 E 🔊 ²₃₉ 聞いて予想が当たっていたかどうか確認しましょう。Escucha y comprueba.

2 F 🗣 図を見て**2**Aの内容について話しましょう。Mira el esquema y habla sobre las frases de **2**A.

3 A 指示に従って接続法過去の活用表を完成させましょう。Completa.

| 直説法点過去のellosの活用形を書く。Escribir la forma de *ellos* de pretérito perfecto simple.
ir → fueron | → | 最後のronを除いた形を6回書く。Quitar *-ron* y escribirlo 6 veces.
fue fue
fue fue
fue fue | → | 活用語尾を加える。Añadir las desinencias.
ra, ras, ra, ramos, rais, ran* | → | fuera
fueras
fuera
fuéramos
fuerais
fueran |

hablar → hablaron	
hablara	habláramos
hablaras	hablarais
hablara	hablaran

comer → comieron	
comiera	comiéramos
comieras	comierais
comiera	comieran

acostarse → se acostaron	
me acostara	nos acostáramos
te acostaras	os acostarais
se acostara	se acostaran

empezar → empezaron	
	empezarais
empezara	empezaran

entender →	
	entendiéramos
entendieras	

pedir →	
pidiera	
	pidierais

tener →	
	tuvieran

sentir →	
	sintiéramos

decir →	
	dijerais

*se, ses, se, semos, seis, sen の形もあります。

3 B 🧑 次の動詞の点過去と、接続法過去の活用を練習しましょう。意味が分からない場合は辞書で調べましょう。Practica la conjugación del pretérito perfecto simple y del pretérito imperfecto de subjuntivo. Busca en el diccionario si no sabes el significado.

1. vivir	2. ser	3. entrenar	4. poder	5. tener
6. lograr	7. cancelar	8. marcar	9. perder	10. pintar

接続法現在と過去　Presente y pretérito imperfecto de subjuntivo

sentir que + 接続法 (subjuntivo)

4 A 👥 図を見て読み使い方を確認しましょう。Mira los esquemas, lee y comprueba el uso.

alegrarse de que + 接続法 (subjuntivo)

4 B ２つの文を組み合わせて文を書きましょう。Escribe combinando las dos frases.

例）Yo me alegro. Mi futbolista favorito viene a Japón.
　　→ Yo me alegro de que mi futbolista favorito venga a Japón.

1. Yo me alegro.	Gané la competición.
2. María siente.	Cancelaron la competición.
3. Mis padres se alegran.	Practico deporte a menudo.
4. Me alegro.	Mi equipo logró un récord.

es increíble que + 接続法 (subjuntivo)

5 読んで、接続法現在あるいは過去を使って文を書きましょう。Lee y escribe frases usando presente o pretérito imperfecto de subjuntivo.

> Es increíble. Nadie juega al béisbol en España.
>   → **Es increíble que** nadie juegue al béisbol en España.
> ¡Qué bien! Tú pudiste participar en una competición internacional.
>   → **¡Qué bien que** pudieras participar en una competición internacional!

1. Es impresionante.   Ella practica muchas horas todos los días.

2. Es increíble.   Marcaron siete goles en un partido.

3. Es extraordinario.   Javier logró su récord personal.

4. Es normal.   José quiere ganar el partido.

5. ¡Qué mal!   No pudo lograr la medalla de oro.

Es... que + 接続法
(subjuntivo)

Es mejor que
Es importante que
Es necesario que
Es impresionante que
Es increíble que
Es extraordinario que
Es normal que

¡Qué bien que
¡Qué mal que

条件節 2   Oraciones condicionales (II)

6 A 読んで、枠内の動詞を、過去未来形にして完成させましょう。Lee y completa con verbos en condicional.

| ayudar | poner | comprar | viajar | invitar |

1.
No tengo dinero, pero si tuviera un millón de yenes, __pondría__ todo el dinero en un banco.

2.
Si tuviera un millón de yenes, _____ a mi familia a viajar a Hawái.

3.
Yo _____ por toda Hispanoamérica.

4.
Yo _____ 10 000 Chupa Chups.

5.
Yo _____ a los niños pobres.

6 B 枠内から表現を選び、動詞を適切な形にして文を完成させましょう。Elige expresiones y completa.

| practicar todos los días | llover | no haber portero |
| jugar bien al fútbol | ganar | pintar mejor |

例) Si practicara todos los días, ganaría una medalla.

1. Es muy difícil ganar esta competición. Si tú la _____, serías muy famoso.
2. Si mi hijo _____, entraría en el Real Madrid.
3. Si _____ en el equipo contrario, marcaría muchos goles.
4. Mañana no va a llover. Si _____, cancelarían el partido.
5. Si _____, ganaríamos el concurso de pintura.

スポーツと趣味　Deportes y aficiones

1 A 写真を参考に表を完成させましょう。興味のあるスポーツや趣味をインターネット等で調べて、付け加えてください。Fíjate en las fotos y completa la tabla. Busca en internet otros deportes y aficiones.

tocar un
instrumento

remo

natación

programar

bádminton

pintar

Deportes		Aficiones
Jugar al	*Hacer / Practicar*	
bádminton	natación	pintar

1 B 適切な方を選び会話を完成させましょう。Completa estas conversaciones con la opción adecuada.

① ¿Tienes alguna afición? / ¿Practicas algún deporte?

② ¿Desde cuándo lo practicas? / ¿Desde cuándo pintas?

③ ¿Has participado alguna vez en una competición? /
¿Has participado alguna vez en un concurso?

④ ¡Qué bien! Me alegro mucho. / ¡Qué bien! Suerte.

1.

Juan: María , ①¿_____?

María: Practico el *running*. Me encanta. Tres días a la semana corro por la mañana.

Juan: ②¿_____?

María: Pues... Empecé a hacer *running* hace dos o tres años.

Juan: ③¿_____?

María: Sí, sí. El año pasado participé en una competición regional en Madrid. ¡Gané una medalla!

Juan: ④_____

María: Gracias.

2.

Elisa: Manuel, ①¿_____?

Manuel: Yo pinto. Voy a clases los sábados. No pinto bien, pero me gusta.

Elisa: ②¿_____?

Manuel: Desde hace poco tiempo. He empezado a aprender este año.

Elisa: ③¿_____?

Manuel: No, nunca he participado en un concurso. Pero dentro de dos meses haremos una exposición en la escuela.

Elisa: ④_____

Manuel: Gracias.

1 C 🔊40)) 🔊41)) 聞いて確認しましょう。Escucha y comprueba.

1 D 👥 **1** Bと同じような会話を練習しましょう。Practica las conversaciones de **1** B.

特別な3人のスポーツ選手　Tres deportistas muy especiales

2 A 動詞を選んで点過去の適切な形にして文章を完成させましょう。 Completa con pretérito perfecto simple.

1.
• empezar	• ganar	• nacer

Gisela Pulido es una deportista española de *kitesurf*, un deporte similar al *windsurf*. _____ en Cataluña en 1994. _____ a practicar *kitesurf* cuando era muy pequeña y _____ su primer campeonato mundial en 2004, cuando tenía solamente diez años. Después lo ganó nueve veces más. Vive en Tarifa, en Andalucía, un lugar donde hace mucho viento.

2.
• ganar	• participar	• ser
• trasladarse		

Javier Fernández es un patinador español. _____ en sus primeros Juegos Olímpicos de Invierno en 2010 y ocho años después _____ una medalla de bronce en Corea. _____ campeón del mundo por primera vez en 2015. Los deportes de invierno no son muy populares en España, por eso _____ a Canadá.

3.
• descender	• graduarse	• empezar
• lograr	• estar	

Sofía Gómez Uribe es una deportista colombiana. _____ a practicar deportes acuáticos a los diez años. Su especialidad es la apnea (estar bajo el agua sin respirar). En 2018 _____ un récord mundial: sin oxígeno, _____ 83 metros en el mar y _____ 2 minutos y 45 segundos sin respirar. Además de deportista, es ingeniera. _____ en 2016 en la Universidad de Medellín.

2 B 🔊²⁴² ～ 🔊²⁴⁴ 聞いて確認しましょう。 Escucha y comprueba.

2 C 🗣 一番合うと思う表現を選んで使って話しましょう。 Comenta con tu compañero usando la expresión que te parece más adecuada.

Es increíble	Es natural	Es extraordinario	Es impresionante	¡Qué bien / mal!

Modelo:

A: Gisela Pulido **ganó** su primer campeonato mundial a los diez años. ¿Qué te parece?

B: **Es increíble que ganara** su primer campeonato mundial a los diez años.

1. Gisela Pulido **ganó** diez veces el campeonato mundial.
2. Javier Fernández es español pero **se fue** a vivir a Canadá.
3. Los deportes de invierno no **son** populares en España.
4. Sofía Gómez **logró** un récord mundial.
5. Sofía Gómez **descendió** 83 metros y **estuvo** casi 3 minutos sin respirar.
6. Sofía Gómez **es** deportista y también ingeniera.

2 D 読んで関連づけ、それぞれの選手の欄に文を書きましょう。 Relaciona y escribe las frases que dice cada deportista.

1. Tarifa es un lugar extraordinario.

2. Aunque el deporte es mi pasión,

3. Me encanta vivir en Canadá. Sin embargo,

si no fuera ingeniera,

si los deportes de invierno fueran más populares en España,

Si no viviera en un lugar donde hace mucho viento,

viviría en Madrid.

no podría entrenar.

no ganaría suficiente dinero.

Javier Fernández:
_____
_____
_____

Sofía Gómez:
_____
_____
_____

Gisela Pulido:
_____
_____
_____

2 E 例のように自分自身の考えを書きましょう。Forma tus propias frases.

Ej. yo / vivir en un país extranjero

Me encanta vivir en Japón. Sin embargo, si viviera en un país extranjero, conocería nuevas culturas y aprendería otras lenguas extranjeras.

1. yo / ser un deportista profesional
_____
_____

2. yo / entrenar más horas
_____
_____

3. yo / poder participar en una competición mundial
_____
_____

4. yo / trasladarme a otra ciudad
_____
_____

2 F 2Eで書いた内容について話しましょう。Habla con tu compañero sobre los temas de 2E.

Modelo:

A: ¿Te gustaría vivir en un país extranjero?

B: Me encanta vivir en Japón. Sin embargo, si viviera en un país extranjero, conocería nuevas culturas y aprendería otras lenguas extranjeras.

スポーツについて話そう　Hablamos de deportes

3 A 🗣 最近のスポーツの試合等について話します。相手の話を聞いてコメントしましょう。 Cuéntale las últimas noticias sobre el deporte a tu compañero. Tu compañero tiene que reaccionar.

Modelo:

A: ¿Sabes? Mi equipo perdió su último partido.

B: ¿De verdad? ¡Qué pena! **Siento mucho que** lo perdiera.

Alumno A   Alumno B → p. 124

- Mi equipo perdió su último partido.
- Además, mi jugador favorito no jugó en el último partido.
- Finalmente, mi equipo no participará el próximo año en una competición internacional importante.

3 B 🔊 🗣 **2**Aのスポーツ選手2人へのラジオのインタビューを聞きましょう。1回聞いて分かったことをノートに書きます。それからペアの相手と話して確認してから、もう1度聞きましょう。Escucha estas entrevistas en la radio con dos deportistas de **2**A. Escucha una vez y anota en tu cuaderno lo que puedas entender. Compártelo con tu compañero. Después, vuelve a escuchar y completa.

	Situación	¿Qué pasó?
1.		
2.		

3 C 🔊 🗣 インタビュアーのコメントを考えて書いてから、聞いて確認しましょう。Completa las frases con la posible reacción de la entrevistadora. Luego, escucha y comprueba.

a) ¡Qué pena! Siento mucho que _____

b) ¡Felicidades! Me alegro mucho de que _____

3 D 🗣 新聞記者になり有名な選手にインタビューをします。ペアで準備して発表しましょう。次の点について話しましょう。 Tú eres periodista y tu compañero un deportista importante. Preparad juntos una entrevista y representadla. Hablad de:

- Su vida. ¿Dónde nació? ¿Cuándo empezó a hacer deporte?
- Sus resultados. ¿Cuándo ganó sus primeras competiciones? ¿Cuántas competiciones ha ganado? ¿Ha participado últimamente en competiciones?
- ¿Tiene otras aficiones?

ビデオ

▶ ビデオを見て、指示に従いましょう。Mira el vídeo y sigue las instrucciones.

A 枠内から表現をひとつ選んで、動詞を正しい形にして文を完成させましょう。（0.5点×10）Elige una de las expresiones del recuadro y completa las frases con la forma adecuada del verbo.

es natural que	si	es increíble que	¡qué bien que!	siento que

1. _____ nadie _____ (jugar) al béisbol en España.
2. _____ (tú) _____ (ganar) la final el sábado pasado.
3. _____ (yo) _____ (tener) mucho dinero, compraría una casa.
4. _____ los deportes de invierno no _____ (ser) populares en España.
5. _____ (vosotros) no _____ (poder) jugar la final.

B 次の文を自由に完成させましょう。Completa las siguientes frases libremente.

1. Es impresionante _____.
2. ¡Qué mal _____!
3. Si _____.
4. No es verdad que _____.
5. Me alegro de _____.

C 次のような場合、スペイン語で何と言いますか。¿Qué dices en las siguientes situaciones?

1. 親友が、決勝で勝ったと言った。Tu mejor amigo te dice que ganó la final.
2. 親友が、試験に合格しなかったと言う。Tu mejor amigo te dice que no pudo aprobar el examen.
3. 万が一天気が良かったらどうするか聞かれた。Te preguntan qué harías si hiciera buen tiempo.
4. 野球は日本で生まれたスポーツだというのは本当かどうか聞かれた。Te preguntan si es verdad que el béisbol nació en Japón.
5. 今もし外国に住んでいたら何をするか聞かれた。Te preguntan qué harías si vivieras en un país extranjero.

D 自己評価　Evalúate según el número de respuestas acertadas.

12-15: Muy bien　　8-11: Bien　　4-7: Regular　　0-3: No muy bien

 自由課題　 振　り　返　り　Reflexión sobre lo aprendido

1. この課で学んだことをまとめましょう。¿Por qué no haces un resumen sobre lo que has aprendido en esta unidad?
2. 何が1番面白かったですか。他に何か知りたいことはありますか。¿Qué te ha gustado más? ¿Quieres saber algo más?
3. この課の目標を達成しましたか。¿Has logrado los objetivos de la unidad? ¿Eres capaz?

Terminamos el curso

●学期中に行ったことについて、質問したり話したりすることができる。Preguntar y hablar por lo que hemos hecho durante el curso.

●クラスの仲間に別れの挨拶のメッセージを書くことができる。Dar mensajes de despedida a los compañeros de clase.

A 真理とDanielが今年1年について話しています。ビデオを見て読みましょう。
Mari y Daniel hablan de este curso. Mira el vídeo y lee.

1.
¡Ya termina el curso! Estoy muy contenta porque este año he estudiado mucho y en clase he practicado mucho. Si no estudiara español, no podría hablar con vosotros en español.

2.
Ya llega el final de este curso. Me alegro mucho de haber sido vuestro profesor. Es importante que en el futuro sigáis practicando y teniendo contacto con el español. ¡Espero que nos veamos otra vez y que hablemos!

B 自分自身のことについて書き、話しましょう。　Completa y habla con tu grupo.

1. ¡Ya termina el curso! Estoy muy contento/a porque este año _____.

2. Ya llega el final de este curso. Me alegro de _____.

3. Espero que _____.

4. Si no estudiara español, _____.

形容詞と所有詞強形　Adjetivos y posesivos tónicos

1 A 形容詞をひとつ選びその語を使った文を6文書きましょう。書いた文をノートに次のように分類しましょう。Elige un adjetivo y escribe seis frases usando ese adjetivo y clasifícalas.

名詞 (sustantivo) + 形容詞 (adjetivo)	ser / estar + 形容詞 (adjetivo)
Tengo un **libro rojo**.	Su camiseta **es roja**.

1 B 聞いて読みましょう。シャツを適切な色に塗って、持ち主の名前を書きましょう。Escucha y lee. Pinta las camisetas con el color adecuado y escribe el nombre del dueño.

a) **La camiseta roja** es más grande que **la blanca**, pero **la negra** es más grande que la roja.	b) **La blanca** no es de Hanako.	1.　　2.　　3.
c) Yosuke dice: "**La camiseta roja** es **mía**".	d) Yuka dice: "**La mía** no es grande".	

1 C 比較しましょう。Compara.

形容詞 adjetivo	所有詞 posesivo	
La camiseta es roja.	La camiseta es mía.	ser / estar + 形容詞 (adjetivo)
una camiseta roja	una camiseta mía	名詞 (sustantivo) + 形容詞 (adjetivo)
la (camiseta) roja → la roja	la (camiseta) mía → la mía	名詞の省略 (omisión del sustantivo)

1 D 所有詞強形の表を完成させましょう。Completa la tabla.

amigo	amiga	amigos	amigas	amigo	amiga	amigos	amigas
mío				nuestro		nuestros	
	tuya				vuestra		vuestras
		suyos				suyos	

1 E 枠内に適切な所有詞を入れて完成させましょう。必要な場合は冠詞を入れましょう。Completa.

1. A: Kana, ¿este libro es _____ ?

   B: ¡Sí, es _____ ! ¿Dónde estaba?

2. A: ¿Esta carpeta es de Daisuke?

   B: No, no es _____ . Es de Kana.

3. A: ¡Nuestra universidad es la mejor! B: ¡No! ¡_____ es la mejor!

4. A: ¿Tus profesores enseñan en español o en japonés?

   B: _____ hablan casi siempre en español.

5. Mi amigo Hiro no está contento con su clase. Nosotros sí estamos contentos con _____ .

6. A: Señor, aquí hay unas gafas. ¿Son _____ ? B: No, no. _____ están aquí.

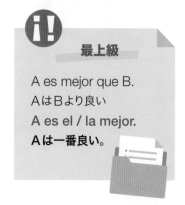

最上級

A es mejor que B.
AはBより良い
A es el / la mejor.
Aは一番良い。

名詞の補語と不定語　Complementos del sustantivo e indefinidos

2 A 例のように名詞の前に置くことのできる語や表現、名詞の後に置くことができる語や表現のリストを作りましょう。Haz una lista de palabras o expresiones que se pueden poner delante de un sustantivo y detrás de un sustantivo.

例)　名詞の前 (delante)　→　un (un libro),　la (la cafetería)...
　　　名詞の後 (detrás)　→　de español (libro de español),　roja (camiseta roja)...

2 B **2**Aで作ったリストの表現が下のどれと同じ種類の表現か、a)〜h) または 1〜4 に分類しましょう。Clasifica en a)-h) y 1-4 las expresiones que has escrito en **2**A.

a)	el
b)	un
c)	este
d)	mucho
e)	mi
f)	algún
g)	otro
h)	cualquier

libro

1. rojo
2. de español
3. que compré ayer
4. mío

alguno / ninguno

3 A 表を完成させましょう。Completa.

algún amigo	alguno	_____ amigos	algunos	ningún amigo	ninguno
_____ amiga	alguna	algunas amigas	_____	_____ amiga	_____

3 B 聞いて読み、直説法と接続法がいつ使われるか考えましょう。Escucha, lee y fíjate cuándo se usa indicativo y cuándo se usa subjuntivo.

Yuji:　Sakura, ¿tienes **algún** amigo que **estudie** alemán?
　　　Yo tengo **muchos** amigos que **estudian** español,
　　　pero no tengo **ningún** amigo que **estudie** alemán.
Sakura: Yo sí tengo **algunos**.

3 C 地図を見て_____に動詞 vivir を適切な形で、_____に国名を入れなさい。Mira el mapa y escribe la forma correcta del verbo *vivir* en _____ y el nombre del país en _____.

1. Tengo un amigo que _____ en ___Costa Rica___,
   pero no tengo ninguna amiga que _____ allí.
2. Tengo unos amigos que _____ en _____.
3. Tengo una amiga que _____ en _____.
4. Tengo dos amigas que _____ en _____.
5. No tengo ningún amigo que _____ en _____.
6. ¿Y tú? ¿Tienes algún amigo que _____ en Hispanoamérica?

GUATEMALA
HONDURAS
EL SALVADOR
NICARAGUA
COSTA RICA

APRENDEMOS

algo / alguien / nada / nadie

4 A 読んで、*algún...* と *algo / alguien* の違いを考えましょう。Lee. ¿Qué diferencia hay entre *algún...* y *algo /alguien*?

A: ¿Hay alguien en clase ahora? B: No, no hay nadie.	A: ¿Hay algún estudiante coreano en vuestra clase? B: No, no hay ninguno.
A: ¿Hay algo en la nevera? B: No, no hay nada.	A: ¿Hay alguna bebida en la nevera? B: No, no hay ninguna.

4 B 正しい方を選んで文を完成させましょう。Elige la opción correcta.

1. Ryu estudia español solo en la biblioteca. Le gustaría hablar con *alguien / algo*, pero no puede practicar con *nadie / ningún*.
2. Tengo muchísima hambre. Quiero comer *algo / alguien*. ¿Tienes *algo / nada* de comer?
3. Las clases son muy fáciles. *Ningún / Nadie* estudiante tiene *ninguna / ningún* problema.
4. Este semestre no he llegado tarde *ninguna / nada* vez, pero el semestre pasado sí llegué tarde *alguna / alguien* vez.

形容詞、動詞、名詞の修飾語　Cuantificadores

5 A 空欄を埋め表を完成させましょう。知らない語の意味を辞書で調べましょう。Completa. Busca en el diccionario las palabras que no sabes.

形容詞の修飾 con adjetivo	動詞の修飾 con verbos	名詞の修飾 con sustantivos			
inteligente difícil	trabajo...	男性単数 dinero	女性単数 agua	男性複数 libros	女性複数 casas
muy	mucho	mucho			muchas
poco	poco		poca	pocos	
un poco	un poco	un poco de		unos pocos	unas pocas
bastante	bastante	bastante		bastantes	
más	más	más			
menos	menos	menos			
tan	tanto	tanto			tantas

5 B *poco* と *un poco* の意味の違いを考えましょう。Lee los ejemplos. ¿Qué diferencia hay entre *poco* y *un poco*?

- a) María es un poco egoísta.　b) Este capítulo es poco importante.
- a) Hay un poco de comida en casa.　No te preocupes.　b) Somos muchos y hay poca comida.
- a) Llovió un poco anoche.　b) En esta región llueve poco. Es un gran problema.

5 C *poco* あるいは *un poco* を入れて完成させましょう。Completa con *poco* o *un poco*.

En clase hay _____ tiempo para practicar. Yo hablo _____ en español pero mi compañera Risa es _____ tímida y habla _____ . A veces estudiamos juntos.

5 D クラスでtanとtantoの用法を確認してから文を完成させましょう。 Comprueba en clase los usos de *tan* / *tanto* y completa.

1. A: Ayer estudié todo el día.　B: Yo no estudié _____.
2. A: Hablo cuatro lenguas.　B: ¿_____? ¿Cuáles son?
   A: Japonés, español, inglés y chino.
3. A: Este ejercicio es muy difícil para mí.
   B: No es _____ difícil.

5 E más と menosが修飾または指示している語を書きましょう。 Escribe las palabras que modifican o a las que se refieren *más* y *menos*.

1. Tengo que estudiar más para aprobar el curso.　　estudiar
2. Quiero más pan.　　_____
3. Julián tiene catorce años y es más alto que su padre.　_____
4. Dame el agua. Quiero más.　　_____
5. Para mí, este libro es menos interesante que aquel.　_____
6. ¡Trabajas mucho! Yo trabajo menos que tú.　　_____

¡!

el agua
- ○ el agua
- ✗ la agua
- ○ el aula
- ✗ la aula
- ○ un aula
- ○ una aula

5 F 🔊 正しい方を選んでから、聞いて確認しましょう。 Elige la opción correcta, escucha y comprueba.

Estamos organizando una reunión de estudiantes y estamos buscando un aula adecuada. Van a participar 20 estudiantes.
Queremos un aula de 60 m² (metros cuadrados) más o menos.
- ✓ El aula del edificio 1 es *muy / mucho* grande. Tiene *pocas / muchas* sillas, pero no necesitamos *tan / tantas*.
- ✓ El aula del edificio 3 es *un poco / poco* pequeña y necesitamos *más / tantas* sillas.
- ✓ El aula del edificio 5 está bien. Es *mucho / bastante* grande y tiene *muchas / tantas* sillas.

Edificio 1 103	Edificio 3 205	Edificio 5 512
100 m²　50 sillas	57 m²　18 sillas	65 m²　35 sillas

接辞 ísimo　Sufijo *ísimo*

6 A 👥 本を最初から見て形容詞を集めましょう。他に知っている形容詞があったら加えてください。 Busca adjetivos en este libro. Añade otros que sepas.

6 B 👥 6Aの形容詞に ísimo をつけて強調した形を作りましょう。その形が使えるかどうか、先生に確認しましょう。 Transforma los adjetivos de 6A. Pregunta al profesor si se pueden usar esas formas.

bueno	buenísimo	buenísima	buenísimos	buenísimas
rico	riquísimo	riquísima	riquísimos	riquísimas
grande	grandísimo	grandísima	grandísimos	grandísimas
difícil	dificilísimo	dificilísima	dificilísimos	dificilísimas

学期末　Terminamos el curso

1 A 最後の授業の日のために、それぞれがメッセージを準備しました。枠内の語を使って完成させましょう。いろいろな可能性があります。 Lee los discursos que han preparado los alumnos para el último día de clase y completa con las palabras del recuadro. Hay varias posibilidades.

1.

| bastante | muy poco | ninguno | tanto |

Ya llega el final del curso. Un curso en el que hemos practicado mucho, hemos estudiado _____ y hemos faltado a clase _____. Bueno, algunos hemos estudiado mucho y otros no han estudiado _____, pero _____ de nosotros puede decir que no se ha divertido, ¿verdad?

2.

| muy | muchísimo | mucha | mucho | muchos |

Ha sido una clase _____ divertida, una clase en la que hemos estudiado _____ gramática, hemos escuchado _____ audios, hemos escrito _____ y, sobre todo, hemos hablado _____.
Es nuestro segundo año desde que empezamos a estudiar español y podemos decir que hemos dado un gran salto hacia delante.

3.

| tenemos | habían estudiado | hablaban | está estudiando | hemos hecho |

Además _____ nuevos amigos. Tenemos amigos que ya _____ español cuando empezamos, amigos que _____ español y nos ayudaron mucho. _____ algún amigo que dejó la clase el primer año y que ahora _____ mucho, y otros que están a punto de graduarse. Tenemos amigos, muchísimos amigos.

1 B 🔊～🔊 音声を聞いて確認しましょう。 Escucha una posibilidad.

1 C 次の表現を辞書で探しましょう。 Busca en el diccionario estas expresiones.

| sobre todo | dar un salto | estar a punto de |

1 D 👥 **1 A**を参考にして同じようなスピーチをグループで１つ用意しましょう。次にそれをグループ内で１人１文か２文ずつ分担します。暗記してクラスで発表しましょう。 Escribe con tus compañeros un discurso como los de **1 A**. Después, repartid las frases dentro del grupo (una o dos frases para cada uno) y decid el discurso, sin leer, delante de toda la clase.

友人　Amigos

2 A 🎧 モデルのように練習しましょう。Practica como en el modelo.

| Alumno A | Alumno B → p.124 |

1. ☑ vivir en España: Laura
2. ¿vivir en México?
3. ☒ hablar francés
4. ¿aprender alemán?
5. ☑ querer ser profesor / profesora: Hiro
6. ¿querer estudiar un máster?
7. ☒ trabajar en un restaurante mexicano
8. ¿trabajar en un restaurante español?

| Modelo: |

B: ¿Tienes algún amigo que viva en España?
A: Sí, tengo una amiga que vive en España. Se llama Laura.

2 B 🗣 文章を読んで質問を考えましょう。次にクラス内を動いて、クラスメートの名前を1人ずつ書きましょう。Lee el texto y piensa las preguntas. Después muévete por la clase y escribe el nombre de un compañero.

En la clase somos muchos compañeros. ① _____ tiene un amigo que vive en el extranjero, pero ② _____ no tiene ningún amigo que viva en Estados Unidos. Además, ③ _____ tiene un amigo que quiere ser profesor, pero ④ _____ no tiene ningún amigo que quiera estudiar un máster. Pero todos tenemos muchos amigos que hablan español.

スペイン語と私　El español y yo

3 A 🔊 読んで右と左を結んでから、聞いて確認しましょう。Lee y relaciona. Después, escucha y comprueba.

¿Seguirás estudiando español en el futuro? ¡Por supuesto!

¡Hola! Somos un grupo de estudiantes de diferentes facultades de segundo curso de español. Durante este año hemos aprendido muchísimo sobre la lengua y la cultura de los países hispanohablantes. Os recomendamos que en el futuro sigáis estudiando español por muchas razones:

1. ¿Quieres estudiar una lengua para comunicarte con muchas personas?
   a) Con el español puedes conocer toda la historia y la cultura de Hispanoamérica.

2. ¿Te interesa estudiar la cultura, la sociedad o la historia de otros países?
   b) Hay más de 559 millones de hispanohablantes en el mundo.

3. ¿Te gusta viajar y visitar nuevos países?
   c) El español es la lengua de Cervantes, de Picasso, del tango...

4. ¿Quieres tener más oportunidades para encontrar un buen trabajo?
   d) Tenis, fútbol, baloncesto... Muchos deportistas hispanohablantes participan en competiciones internacionales.

5. ¿Te interesan los deportes?
   e) Muchas compañías internacionales buscan personas que hablen español.

6. ¿Te gusta la literatura, el arte o la música?
   f) Las cataratas de Iguazú, el salar de Uyuni... ¡te esperan!

3 B 👥 次の文のいずれかを完成させてから、グループで比べましょう。Completa alguna de las siguientes frases. Compártelas en el grupo.

1. **Me alegro mucho de haber elegido** español porque...
2. Creo que **es importante que sigamos estudiando** español porque...
3. **Te recomiendo que sigas estudiando** español porque...

3 C 🔊 55» 🔊 56» それぞれの学生の学年末の感想を聞いて読みましょう。Lee y escucha lo que dicen los siguientes alumnos de español al final del curso.

1. ¡Hola a todos! Soy Mare Kasuga, de la Facultad de Literatura. Estoy en el segundo curso. Empecé a estudiar español el año pasado. Elegí español porque tengo una amiga que vive en Argentina y quería viajar por Hispanoamérica. Este año la he visitado y he conocido a nuevos amigos hispanohablantes. El próximo año quiero seguir estudiando español y, si puedo, en el futuro trabajaré en el extranjero. ¡Me alegro mucho de haber elegido español!

2. ¡Hola! Yo soy Kenta Uchida, de la Facultad de Economía. Soy estudiante de cuarto. Empecé a estudiar español hace tres años porque me interesa el fútbol español. Sin embargo, el primer año no estudiaba mucho. El año pasado la profesora nos habló de las empresas japonesas que trabajan en México y me interesó mucho. Este año he hecho el examen DELE, un examen oficial de español, y en abril empezaré a trabajar en una empresa multinacional muy importante y usaré el español en mi trabajo. ¡Suerte para vosotros también!

3 D 👥 **3 C**で使われているグループで動詞の時制を分担し、大きい紙に自分の担当した時制が使われている文を**3 C**から探して書きましょう。Reparte los tiempos verbales que se usan en **3 C** entre los miembros del grupo. En una hoja grande escribe las frases de **3 C** en las que aparece el tiempo verbal del que te encargas.

3 E 👥 自分の紙に書いてある時制を使って、自分自身について1文を付け加えましょう。書き終わったら他の人に用紙を渡し、それぞれが自分自身についての文をつけ加えていきます。他の人と同じ動詞を使ってはいけません。Escribe una frase sobre ti mismo con el tiempo verbal de la hoja. Cada uno usa un verbo diferente. Después, pasa la hoja a otros compañeros del grupo para que escriban sus frases.

Presente	Futuro
Soy...	En el futuro trabajaré...

Pretérito perfecto compuesto	Pretérito perfecto simple	Pretérito imperfecto
Este año he hecho...	El año pasado...	Quería viajar...

さようなら　Nos despedimos

4 A 🔊 先生と2人のクラスメートがさようならのメッセージを用意しました。上と下を結びましょう。聞いて確認しましょう。 El profesor y dos compañeros han preparado unos mensajes para despedirse. Relaciona. Escucha y comprueba.

¡Estudiamos español! ¡Muy bien!

1. Carlos

Me ha gustado muchísimo estudiar con vosotros.

2. Natsuho

Es impresionante que ahora hablemos español.

3. Yuya

¡Esta clase es mi favorita!

a)

No quiero olvidarlo. ¡Tenemos que seguir estudiando, chicos!

b)

Siento que el curso termine. Me gustaría tomar otra clase el próximo año.

c)

¡Habéis aprendido español muy bien!

4 B 枠内にクラスの友人へのメッセージを書きましょう。 Prepara un mensaje para tus compañeros en el cuadro.

¡Estudiamos español! ¡Muy bien!

4 C クラスメートにメッセージを書いてもらう紙を用意しましょう。ノート、教科書の表紙の裏、色紙などです。友人にスペイン語で書いてもらいましょう。 Prepara un lugar donde tus compañeros puedan escribir mensajes para ti. Puede ser: en tu cuaderno, en la contraportada del libro, en un *shikishi*, etc. Intercambia los mensajes con los compañeros.

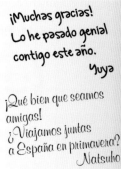

ビデオ

▶️ ビデオを見て、指示に従いましょう。 Mira el vídeo y sigue las instrucciones.

A スペイン語の学習を仲間に勧める理由を5つ書きましょう。 Escribe cinco razones por las que le recomendarías a un compañero estudiar español.

例） Muchas personas en el mundo hablan español.

1. _____ .
2. _____ .
3. _____ .
4. _____ .
5. _____ .

B 次の文を自由に完成させましょう。 Completa las siguientes frases libremente.

1. Me alegro mucho de _____ .
2. Te recomiendo que _____ .
3. No tengo ningún amigo que _____ .
4. Ha sido una clase _____ .
5. Es importante que en el futuro _____ .

C 次のような場合、スペイン語で何と言いますか。 ¿Qué dices en las siguientes situaciones?

1. スペイン語を話す友人がいるかどうか聞かれた。 Te preguntan si tienes un amigo que hable español.

2. スペイン語のクラスで今年何をしたか聞かれた。 Te preguntan qué has hecho este año en la clase de español.

3. なぜスペイン語の勉強を始めたか聞かれた。 Te preguntan por qué empezaste a estudiar español.

4. 将来何をするか聞かれた。 Te preguntan qué harás en el futuro.

5. クラスメートにさようならを言う。 Te despides de tus compañeros de clase.

D 自己評価　Evalúate según el número de respuestas acertadas.

12-15: Muy bien	8-11: Bien	4-7: Regular	0-3: No muy bien

自由課題　振　り　返　り　Reflexión sobre lo aprendido

1. この課で学んだことをまとめましょう。 ¿Por qué no haces un resumen sobre lo que has aprendido en esta unidad?
2. 何が1番面白かったですか。他に何か知りたいことはありますか。 ¿Qué te ha gustado más? ¿Quieres saber algo más?
3. この課の目標を達成しましたか。 ¿Has logrado los objetivos de la unidad? ¿Eres capaz?

Unidad 2

2 A 下の古い写真を見て、ペアの相手と話しながら表を完成させましょう。 Fíjate en estas fotos antiguas. Pregunta a tu compañero para completar la tabla.

Edad → ¿Cuántos años tenía?	Ciudad → ¿Dónde vivía?
Descripción → ¿Cómo era?	Gustos → ¿Qué le gustaba?

Alumno B   Alumno A → p.17

a)   b)

Juan Carlos	Nombre	Carlos
2	Edad	
un pueblo de La Mancha	Ciudad	
ser un poco gordo, bueno y muy guapo, tener el pelo largo	Descripción	
el fútbol	Gustos	

Unidad 4

2 C それぞれの人が何をしたか、また恋人から電話があったとき何をしていたかを相手に聞きましょう。相手の質問に答えましょう。 Pregunta a tu compañero qué hicieron las siguientes personas y qué estaban haciendo cuando las llamaron por teléfono. Contesta a las preguntas.

Alumno B   Alumno A → p. 37

1. Laura, sábado mañana — Ir de compras / Comprar unos zapatos

2. Mario, domingo noche

3. Atziri, viernes noche — Ver la televisión / Dormir

4. Silvio, sábado tarde

5. Toñi, domingo tarde — Hacer deporte / Beber agua

6. Luis, viernes mañana

Modelo:

B: ¿Qué hizo Mario el domingo por la noche?   A: Cenó con una amiga en un bar.

B: ¿Qué estaba haciendo Mario cuando lo llamó su pareja?   A: Estaba tomando café.

Unidad 5

3 A 👥 ペアの相手と話して表を完成させましょう。Habla y completa la tabla.

Alumno B   Alumno A → p. 43

	¿Cuántos días de vacaciones tuvo/tuvieron?	¿A dónde fue/fueron?	¿Cuánto tiempo estuvo/estuvieron?	¿Qué tal el viaje?
1. Miguel	quince días	Italia	diez días	estupendo
2. Pilar				
3. Pedro y Juan	dos semanas	Portugal	cinco días	pasarlo bien
4. Ana y Raquel				

Unidad 5

1 B 👥 それぞれの人の旅行について質問し聞いた情報を書きましょう。相手の質問に答えましょう。
Pregunta sobre el viaje de estas personas y escribe la información. Contesta.

Alumno B   Alumno A → p. 46

1. Laura, en verano	2. Mario, en las vacaciones de Navidad
 • A Santiago de Compostela • Con sus amigos • Cinco días • Hacer senderismo y visitar la catedral • Un viaje divertido	• • • • •
3. Silvio, en febrero	4. Toñi, el fin de semana pasado
• • • •	• A Granada • Con su hermana • Dos días • Visitar la Alhambra, ver flamenco y tomar tapas. • Pasarlo fenomenal 

Unidad 8

1 B 👥 スペイン人の友人のMartaの家への招待を受けることにしました。どうすればいいでしょうか。
ペアの相手に聞きましょう。Vas a ir a la casa de Marta, una amiga española. ¿Qué tienes que hacer? Pregunta a tu compañero.

Alumno B   Alumno A → p. 76

1. Tengo que	☐ llegar pronto. ☑ llegar quince o veinte minutos tarde.
2. Debería	☐ llevar dulces o vino. ☐ no llevar nada.
3. Tengo que	☑ hablar mucho. ☐ hablar poco.
4. Después de comer, debería	☐ irme inmediatamente. ☐ decir "es muy tarde" dos o tres veces antes de irme.

Modelo:

B: Mi amiga Marta me ha invitado a su casa, pero nunca he estado en una casa española.
   ¿Debería llevar dulces o vino o no llevar nada?

A: Bueno, yo en tu lugar llevaría...

Unidad 9

1 C 🗣️ 文章を読んで、**1**Aの内容が正しいかどうか確かめましょう。情報がない場合はペアの相手に聞いてください。また相手の質問に答えましょう。 Lee y comprueba si es verdad lo que se dice en **1**A. Pide las informaciones a tu compañero si no las tienes. Contesta a sus preguntas.

| Alumno B | Alumno A → p. 82 |

A los españoles les gusta mucho salir de noche. En Madrid, por ejemplo, el metro funciona hasta las dos de la mañana. También les gusta ir de tapas antes de comer. Muchos españoles tienen un mes de vacaciones en verano. Y muchas familias pasan las vacaciones en la playa. Cada familia tiene dos hijos o menos de media.

Modelo:

B: ¿Es verdad que muchas tiendas abren los domingos?

A: No, no es verdad que muchas tiendas abran los domingos.

Unidad 9

1 D 🗣️ 美紀のサラマンカの友人について次の内容で話しましょう。 Estos son los compañeros de Miki en Salamanca. Pregunta y contesta a tu compañero.

| Alumno B | Alumno A → p. 86 |

	Pierre Francia	Mary Jean Canadá	Kwan Corea	Pietro Italia
¿Cuánto tiempo lleva en Salamanca?	Quince días.		Tres años.	
¿Echa de menos su país?	Sí, especialmente a su familia.		Echa de menos a su novio.	
¿Qué le gusta de la clase de español?	Los profesores ponen películas españolas.		Los profesores no mandan muchos deberes.	

Modelo:

B: ¿Cuánto tiempo lleva Mary Jean en Salamanca?

A: Lleva cuatro meses.

B: ¿Echa de menos su país?

A: Sí, echa un poco de menos a sus amigos.

B: ¿Qué le gusta de la clase de español?

A: Le gusta que haya un descanso para tomar café a las once.

Unidad 11

3 A 🗣️ 最近のスポーツの試合等について話します。相手の話を聞いてコメントしましょう。 Cuéntale las últimas noticias sobre el deporte a tu compañero. Tu compañero tiene que reaccionar.

Alumno B

Alumno A → p. 109

- Mi jugador favorito marcó dos goles en el último partido.
- Además, un jugador extranjero muy importante vendrá a nuestro equipo el próximo año.
- Finalmente, mi equipo ganó cuatro partidos seguidos.

Modelo:

B: ¿Sabes? ¡Mi jugador favorito marcó dos goles en el último partido!

A: ¿De verdad? ¡Qué bien! Me alegro mucho de que marcara dos goles.

Unidad 12

2 A 🗣️ モデルのように練習しましょう。 Practica como en el modelo.

Alumno B

Alumno A → p. 117

1. ¿vivir en España?
2. ☒ vivir en México
3. ¿hablar francés?
4. ☑ aprender alemán: Kazuma
5. ¿querer ser profesor / profesora?
6. ☒ querer estudiar un máster
7. ¿trabajar en un restaurante mexicano?
8. ☑ trabajar en un restaurante español: Tomo

Modelo:

A: ¿Tienes algún amigo que viva en México?

B: No, no tengo ningún amigo que viva en México.

［**デザイン**］小机菜穂

［**写真イラスト**］
adoptaunabuelo.org
David W. Carmichael (Creative Commons Atribution-Share Alike 3.0 Unported)
IJ-studio
Seymont Studio

その他の写真及びイラストはShutterstock.comのライセンス許諾により使用しています。

［**協力**］Elisa M. Gallego Hiroyasu

［**音声**］
Atziri Mariana Quintana Mexiac
Ángela Yamaura
Alberto Ramírez Mier
Cristina Cenzano
Carlos García Ruiz-Castillo
Juan Carlos Moyano López

［**ビデオ**］
制作： Txabi Alastruey
　　　 Carlos García Ruiz-Castillo
　　　 Juan Carlos Moyano López
協力： 清泉女子大学 他

いいね！スペイン語２
第２版

検印
省略

©2019年1月30日　初 版 発 行
2023年1月30日　第5刷発行
2024年1月30日　第2版発行

著　者　　　ファン・カルロス・モヤノ・ロペス
　　　　　　カルロス・ガルシア・ルイス・カスティージョ
　　　　　　廣　康　好　美

発行者　　　　　　　　小　川　洋一郎
発行所　　　　　　株式会社 朝 日 出 版 社
　　　　　　〒101-0065 東京都千代田区西神田3-3-5
　　　　　　TEL (03) 3239-0271・72（直通）
　　　　　　振替口座 東京 00140-2-46008
　　　　　　http://www.asahipress.com/
　　　　　　メディアアート/図書印刷

¡Muy bien!

Curso de español

Segunda edición

Juan Carlos Moyano López
Carlos García Ruiz-Castillo
Yoshimi Hiroyasu

2

Editorial ASAHI

Queridos estudiantes:

En este cuaderno de ejercicios del libro de texto que estás usando en tu clase de español, *¡Muy bien! 2*, encontrarás dos partes bien diferenciadas en cada una de las doce unidades:

Referencia: Aquí podrás consultar explicaciones en japonés de los contenidos gramaticales que aparecen en el libro. Pregúntale a tu profesor si puedes estudiar estas explicaciones antes de la clase, o si prefiere que te sirvan de repaso después de la clase.

Ejercicios: Los diferentes ejercicios de práctica formal que encontrarás en este cuaderno te ayudarán a asimilar los contenidos del libro de texto. Tu profesor tiene las soluciones, pídeselas si las necesitas.

Recuerda que las explicaciones son solo de consulta y los ejercicios sirven solamente de refuerzo; por tanto, no sustituyen las actividades ni las explicaciones del libro del alumno.

Ahora sí que no tienes excusas para aprender español ¡Muy bien!

学生のみなさんへ

この練習帳は、皆さんが授業で使っている教科書 ¡Muy bien! 2 の補助教材で、それぞれの課は 2 つの部分からできています。

説明: 教科書で扱っている文法内容の説明が日本語で書いてあります。この部分をあらかじめ、予習として家で学習しておくべきか、あるいはこれを授業の復習として使うかは先生に聞いてください。

練習問題: この練習帳にある様々な問題は教科書で学んだ文法事項をしっかり身につけるのに役に立つでしょう。解答集が必要な場合は先生に聞いてください。

この練習帳の説明は参考書として使うこと、また練習問題は授業の補強に役に立てることを目的としています。教科書のアクティビティや説明の学習の代わりにこれだけをやっておけばいいというものではないことに注意してください。

これがあればスペイン語をしっかり ¡Muy bien!に学べること間違いありません。

ÍNDICE

Unidad 1. Un nuevo curso

I 直説法現在　Presente de indicativo

不定詞の語尾が-ar で終わる動詞　hablar 話す

yo	hablo	nosotros / nosotras	hablamos
tú	hablas	vosotros / vosotras	habláis
usted, él / ella	habla	ustedes, ellos / ellas	hablan

語尾が-er で終わる動詞 comer 食べる

como	comemos
comes	coméis
come	comen

語尾が-ir で終わる動詞　vivir 住む

vivo	vivimos
vives	vivís
vive	viven

querer 欲しい

quiero	queremos
quieres	queréis
quiere	quieren

poder できる

puedo	podemos
puedes	podéis
puede	pueden

tener 持つ

tengo	tenemos
tienes	tenéis
tiene	tienen

ser ～である

soy	somos
eres	sois
es	son

ir 行く

voy	vamos
vas	vais
va	van

ver 見る

veo	vemos
ves	veis
ve	ven

II 疑問詞　Interrogativos

dónde どこ	¿Dónde está tu casa?	君の家はどこにありますか。
	¿De dónde es ella?	彼女の出身はどこですか。
cuándo いつ	¿Cuándo vas a España?	君はいつスペインに行きますか。
	¿Desde cuándo vives en Tokio?	君はいつから東京に住んでいますか。
cómo どのように	¿Cómo es tu madre?	君のお母さんはどんな人ですか。
qué 何	¿Qué haces?	君は何をしていますか。
	¿Qué lenguas hablas?	君は何語 (複数) を話しますか。
cuál / cuáles どちら	¿Cuál quieres?	君はどちらが欲しいですか。
	¿Cuál es la capital de Japón?	日本の首都はどこですか。
quién / quiénes 誰	¿Quiénes son ellos?	彼らは誰ですか。
	¿Con quién vives?	君は誰と住んでいますか。
cuánto / cuánta / cuántos / cuántas どのくらい	¿Cuántas naranjas hay?	オレンジがいくつありますか。
	¿Cuántas hay?	いくつありますか。 (女性名詞)

- 疑問詞の次は動詞 で一般に主語はその後に置かれる。
- 疑問詞と前置詞がともに使われている時、前置詞は必ず疑問詞に伴って文頭に置かれる。*de dónde* どこから、*desde cuándo* いつから
- *qué* と *cuánto/a (s)* は次に名詞を伴って *qué lenguas, cuántas naranjas* のように形容詞的に使うことができる。
- *cuánto/a (s)* は指している名詞の性数に一致する。*quién* と *cuál* は質問している人が複数の答えを想定している場合は *quiénes, cuáles* にする。

III 動詞+不定詞　Verbo + infinitivo

次の表現は、後に他の動詞の不定詞 (-ar, -er, -ir で終わる形) を伴って使われる。

poder	〜できる	*Puedo escribir comentarios.* コメントが書ける。
	(状況等が許すので) 「〜することが可能だ」の意味。	
tener que	〜しなければならない	*Tengo que estudiar.* 勉強しなければいけない。
querer	〜したい	*Quiero trabajar.* 私は旅行したい。
	「*a*+人」を伴う場合「好きだ」、物を表す名詞が置かれると「欲しい」、動詞の不定詞を伴うと「〜したい」の意味。	
ir a	〜するつもりだ	*Voy a viajar a México.* メキシコに旅行する予定だ。

IV 接続詞 porque と前置詞 para　*porque* y *para*

porque	「なぜならば」後は文 (主語と活用した動詞がある) が置かれる。
	Hanako estudia español porque quiere viajar a Hispanoamérica. 華子はイスパノアメリカを旅行したいのでスペイン語を勉強する。
para	「〜するために」後は動詞の不定詞 (-ar, -er,-ir で終わる形) が置かれる。
	Hanako estudia español para viajar a Hispanoamérica. 華子はイスパノアメリカを旅行するためにスペイン語を勉強する。

V 点過去 1: 規則活用 (単数)　Pretérito perfecto simple (I): Conjugación regular (en singular)
→ Unidad 2 III, Unidad 3 II, Unidad 4 III, Unidad 5 III, Unidad 11 I

不定詞の語尾が-ar で終わる動詞

yo	mir**é**	nosotros / nosotras	miramos
tú	mir**aste**	vosotros / vosotras	mirasteis
usted, él / ella	mir**ó**	ustedes, ellos / ellas	miraron

語尾が-er で終わる動詞　aprender 学ぶ

aprend**í**	aprendimos
aprend**iste**	aprendisteis
aprend**ió**	aprendieron

語尾が-ir で終わる動詞　asistir 参加する

asist**í**	asistimos
asist**iste**	asististeis
asist**ió**	asistieron

● 点過去の規則活用では、-er 動詞と -ir 動詞の活用語尾は同じ。

点過去の用法 1　Pretérito perfecto simple (I): usos　→ Unidad 2 III, Unidad 3 II Unidad 5 III

過去の出来事等を終わったこととして述べる時に使われる。
¿Comiste paella ayer? 昨日パエリアを食べましたか。
El curso pasado, ¿asististe a clase regularmente? 前に取ったクラスでは授業にきちんと出ていましたか。 (繰り返し行われていた事柄でも終わった一つの事実として扱っている場合は点過去)

VI 命令 1: tú　Imperativo (I) *tú*: → Unidad 3 VI, Unidad 5 V, Unidad 8 II, Unidad 9 II

tú で話す相手に対する命令の規則的な形は、直説法現在の 3 人称単数形と同じ。

-ar	mirar	→ *Mira.*	見なさい。	practicar	→ *Practica.*	練習しなさい。
-er	leer	→ *Lee.*	読みなさい。	aprender	→ *Aprende.*	覚えなさい。
-ir	escribir	→ *Escribe.*	書きなさい。	asistir	→ *Asiste.*	出席しなさい。

Unidad 1. Un nuevo curso

1 直説法現在の活用形を書きなさい。**Conjuga en presente de indicativo.**
1. yo, hablar →
2. nosotros, querer →
3. tú, ir →
4. ustedes, ver →
5. yo, comer →
6. vosotros, vivir →
7. él, ser →
8. ellas, poder →
9. usted, tener →
10. vosotros, estudiar→

2 質問文を完成させてから、自分自身について答えなさい。**Completa las preguntas con la forma correcta del verbo y contesta con tu información.**
1. A: ¿De dónde _____ (ser, tú)?
   B: _____
2. A: ¿Con quién _____ (vivir, tú)?
   B: _____
3. A: ¿Cuántos años _____ (tener, tú)?
   B: _____
4. A: ¿Qué lenguas _____ (hablar, tú)?
   B: _____
5. A: ¿Desde cuándo _____ (estudiar, tú) español?
   B: _____
6. A: ¿Cuándo _____ (estudiar, tú) español?
   B: _____
7. A: ¿Quién _____ (ser) tu profesor/a de español?
   B: _____
8. A: ¿Cómo _____ (ser) tus compañeros?
   B: _____

3 動詞 poder, tener, querer, ir のいずれかを適切な形で入れて文を完成させなさい。**Completa con la forma correcta de *poder*, *tener*, *querer* o *ir*.**
1. Estudio español porque _____ vivir en Colombia.
2. En las próximas vacaciones mis amigos y yo _____ a viajar por Perú.
3. Para hablar bien español, _____ (vosotros) que estudiar más.
4. A: ¿_____ hablar español bien?
   B: No, todavía no. Tengo que estudiar más.
5. ¿Y vosotros? ¿_____ viajar a España o a Hispanoamérica?

4 直説法点過去の活用形を書きなさい。**Conjuga en pretérito perfecto simple.**
1. yo, memorizar →
2. tú, practicar →
3. tú, asistir →
4. usted, participar →
5. yo, aprender→
6. ella, escuchar→

5 現在形の動詞を点過去にして、**el curso pasado** を付け加えて文を書き直しなさい。**Cambia el verbo en presente por el pretérito perfecto simple y añade *el curso pasado*.**
例) Yo asisto a clase regularmente.
   → El curso pasado yo asistí a clase regularmente.

1. Tú siempre participas activamente en clase.
   → _____
2. Ella no escucha los audios en casa.
   → _____
3. Yo aprendo el vocabulario antes de clase.
   → _____
4. Él mira los vídeos del libro en el tren.
   → _____
5. ¿Practicas mucho con los compañeros?
   → _____

6 tú で話す相手に対する命令形を書きなさい。 **Escribe la forma de imperativo _tú_.**

1. asistir →   2. participar →
3. escuchar→   4. aprender →
5. mirar→   6. practicar→

7 6 の動詞を tú で話す相手に対する命令形で使い、文章を完成させなさい。 **Completa el siguiente texto con el imperativo _tú_ de los verbos del ejercicio anterior.**

Para hablar bien español, asiste a clase regularmente. (1) _____ el vocabulario antes de clase, (2) _____ mucho con los compañeros y (3) _____ activamente en clase. Ah, y (4) _____ los audios y (5) _____ los vídeos del libro en casa y en el tren.

8 次の答えになるような質問を書きなさい。 **Fíjate en la respuesta y escribe la pregunta más adecuada.**

1. A: _____
   B: Tengo doce clases a la semana.
2. A: _____
   B: No, no trabajo.
3. A: _____
   B: Sí, me gusta mucho.
4. A: _____
   B: (Mi deporte favorito) Es el fútbol.
5. A: _____
   B: (Mi hermana se llama) Izumi

9 正しい方を選びなさい。 **Selecciona la forma correcta.**

1. El año pasado _entro / entré_ en la universidad. En abril _empiezo / empecé_ a estudiar español y _conocí / conoce_ a mi mejor amigo en la clase de español.
2. Me _gusta / gustó_ mucho la clase de español. _Estudió / Estudio_ los martes y los jueves.
3. Para _hablo / hablar_ bien español _tener / tengo_ que _asistir / asisto_ a clase regularmente.
4. _Estudio / Estudiar_ español porque _quiero / querer_ ir a México. _Tengo / Tener_ un amigo mexicano.
5. _Miré / Mira_, _puedes / poder_ hacer muchas cosas. _Asiste / Asistí_ a clase siempre y _practico / practica_ con los compañeros.

Unidad 2. Mi familia y mis amigos

I 線過去 1　Pretérito imperfecto (I)　→ Unidad 3 I

不定詞の語尾が-ar で終わる動詞　hablar 話す

yo	hablaba	nosotros / nosotras	hablábamos
tú	hablabas	vosotros / vosotras	hablabais
usted, él / ella	hablaba	ustedes, ellos / ellas	hablaban

語尾が-er で終わる動詞 comer 食べる

comía	comíamos
comías	comíais
comía	comían

語尾が-ir で終わる動詞　vivir 住む

vivía	vivíamos
vivías	vivíais
vivía	vivían

- 線過去の規則活用では、-er 動詞と-ir 動詞の活用語尾は同じ。
- 強勢が置かれる母音はどの活用形でも同じで-ar 動詞は a, -er 動詞と-ir 動詞は i になる。-ar 動詞の nosotros の活用形及び -er 動詞と -ir 動詞のすべての活用形でアクセント記号がつく。

不規則活用 Conjugación irregular (以下の 3 つの動詞の活用のみを覚えておけばよい)

ser 〜である

era	éramos
eras	erais
era	eran

Ir 行く

iba	íbamos
ibas	ibais
iba	iban

ver 見る

veía	veíamos
veías	veíais
veía	veían

線過去の用法 1　Pretérito imperfecto: usos (I)

過去の習慣や人の容姿、物の性質、場所の様子等を述べるために使われる。
Antes vivía con mi familia. 以前私は家族といっしょに住んでいた。
Cuando era niño yo no llevaba gafas. 子供の頃私は眼鏡をかけていなかった。
Daniel tenía quince años entonces. そのころダニエルは 15 歳だった。

II 動詞 ser, tener, llevar　Verbos *ser, tener* y *llevar*

人を記述する際 *ser, tener, llevar* は次のように使われる。

動詞 *ser* の使い方 Verbo ser: usos

+名詞	名前	*Es Cristina.* 彼女はクリスティーナだ。
	国籍	*Es argentina.* 彼女はアルゼンチン人だ。
	職業	*Era profesora.* 彼女は教師だった。
+前置詞	出身	*Es de Buenos Aires.* 彼女はブエノスアイレス出身だ。
+形容詞	容姿・性格	*Es alta.* 彼女は背が高い。　*Es simpática.* 彼女は感じが良い。 *¿Cómo era ella?* 彼女はどのような人でしたか。

動詞 *tener* の使い方 Verbo tener: usos

+名詞	親族	*Tiene dos hermanos.* 兄弟が 2 人いる。
	年齢	*Tiene dieciocho años.* 18 歳だ。 *Mi amigo y yo teníamos quince años.* 友人と僕は 15 歳だった。
	容姿	*Tiene los ojos marrones.* 目が茶色だ。 *Tenía el pelo rizado.* 髪の毛がカールしていた。 *¿Cómo tenías el pelo?* 君はどんな髪をしていましたか。

動詞 llevar の使い方　Verbo *llevar*: usos

+名詞	身に着けるもの	*Lleva gafas.* 眼鏡をかけている。 *No lleva barba.* あごひげはない。

- *llevar* は代名動詞 *llevarse* の形で *bien, mal* などの副詞を伴い、*llevarse bien* 仲が良い、*llevarse mal* 仲が悪いのように使う。　*Nos llevábamos bien.* 私達は仲が良かった。

III 点過去 2: 規則活用　Pretérito perfecto simple (II): Conjugación regular
→ **Unidad 1 V, Unidad 3 II, Unidad 4 III, Unidad 5 III, Unidad 11 I**

不定詞の語尾が-*ar* で終わる動詞　viajar 旅行する

yo	viaj**é**	nosotros / nosotras	viaj**amos**
tú	viaj**aste**	vosotros / vosotras	viaj**asteis**
usted, él / ella	viaj**ó**	ustedes, ellos / ellas	viaj**aron**

語尾が-*er* で終わる動詞　conocer 知る

conoc**í**	conoc**imos**
conoc**iste**	conoc**isteis**
conoc**ió**	conoc**ieron**

語尾が-*ir* で終わる動詞　recibir 受け取る

recib**í**	recib**imos**
recib**iste**	recib**isteis**
recib**ió**	recib**ieron**

点過去の用法 2　Pretérito perfecto simple: usos (II)　→ Unidad 1 V, Unidad 3 II, Unidad 5 III

出来事等を終わったこととして述べる時に使われる。 (→ U1, V)
El año pasado conocimos a Marianne en España. 去年私達はマリアンにスペインで知り合った。
¿Dónde conociste a tu mejor amigo? あなたの親友にはどこで知り合ったのですか。
Viajaron a España el mes pasado. 先月彼らはスペインに旅行した。
(スペインの滞在日数が長くても、一つの出来事としてとらえるので点過去)

IV 関係詞 1: que　Relativos (I): *que*　→ Unidad 3 V, Unidad 10 IV

1. 関係節の作り方:「とてもテニスが上手だった」のような文は、日本語ではそのまま名詞を修飾して「とてもテニスが上手だった友人」と言うことができるが、スペイン語では文の前に関係詞 *que* を付けることによってこの働きを持たせ *que jugaba muy bien al tenis* のように言うことができる。*que* を伴った文 (関係節) は *un amigo inteligente*「聡明な友人」の *inteligente* のような形容詞と同じ働きをすることができるので *un amigo que jugaba muy bien al tenis*「テニスが上手だった友人」になる。
<u>*Mi amigo*</u> *jugaba muy bien al tenis.* →*un amigo que jugaba muy bien al tenis.*
　　Mi amigo は最初の文の主語　　　テニスが上手だった友人
Yo conocí <u>*a mi amigo*</u> *en España.* →*un amigo que yo conocí en España.*
　　a mi amigo は最初の文の目的語　　私がスペインで知り合った友人

2. 関係節を含む文: 関係節が修飾している名詞は文中で様々な機能を果たす。
Yo tengo <u>*un amigo que jugaba muy bien al tenis.*</u> 私にはテニスが上手だった友人がいる。
　un amigo que jugaba muy bien al tenis はこの文の直接目的語
<u>*El amigo que jugaba muy bien al tenis*</u> *vive ahora en España.*
テニスが上手だった友人は今スペインに住んでいる。
　el amigo que jugaba muy bien al tenis はこの文の主語

Unidad 2. Mi familia y mis amigos

1 線過去の活用形を書きなさい。 **Conjuga en pretérito imperfecto.**

1. tú, estudiar →
2. vosotros, estar →
3. usted, aprender →
4. ellos, vivir →
5. yo, ir →
6. nosotros, tener →
7. él, ser →
8. ustedes, poder →
9. yo, ver →
10 vosotros, levantarse →

2 下線部を他の表現に変え、動詞を線過去にして文を書きなさい。 **En las siguientes frases, cambia las partes marcadas y el verbo en presente por el pretérito imperfecto.**

1. Ahora vivimos en Tokio. → Antes _____
2. Ahora trabajáis en una academia. → Antes_____
3. Ahora aprenden español. → Antes _____
4. Ahora me levanto a las ocho. → Antes _____
5. Ahora tiene el pelo corto. → Antes _____

3 昨年のスペイン語の先生について次の質問を完成させてから、答えなさい。 **Completa las siguientes preguntas sobre tu profesor de español del año pasado y contesta libremente.**

1. A: ¿Cómo _____ (llamarse)?
   B: _____
2. A: ¿De dónde _____ (ser)?
   B: _____
3. A: ¿Cómo _____ (tener) el pelo?
   B: _____
4. A: _____ (llevar) gafas?
   B: _____
5. A: ¿_____ (hablar) bien japonés?
   B: _____

4 動詞 ser, tener, llevar のいずれかを直説法現在か線過去の適切な形で入れて文章を完成させなさい。 **Completa con la forma correcta de los verbos *ser, tener* y *llevar* en presente o en pretérito imperfecto.**

1. Daniel _____ argentino, de Buenos Aires. _____ profesor de español en una universidad japonesa. _____ 39 años. _____ alto, _____ barba y _____ el pelo rizado y los ojos marrones. _____ muy simpático.
2. Cuando Daniel _____ estudiante, no _____ barba, pero _____ gafas. _____ el pelo corto y _____ muy trabajador. Normalmente _____ camisetas y vaqueros.

5 例のように質問を書き、またそれに否定で答えなさい。 **Escribe la pregunta y la respuesta como en el ejemplo.**

例) mi madre: alto   P: ¿Era tu madre alta?
                      R: No, no era alta. Era baja.

1. tus tías: simpático   P: _____
                          R: _____

2. vosotros: gordo   **P**: _____
                            R: _____

3. tus hermanos: feo   **P**: _____
                            R: _____

4. ustedes: serio   **P**: _____
                            R: _____

5. vosotras: vago   **P**: _____
                            R: _____

6 点過去の活用形を書きなさい。 **Conjuga en pretérito perfecto simple.**

1. usted, hablar →   2. ustedes, comer →
3. tú, escribir →   4. ellos, viajar →
5. yo, conocer →   6. nosotros, recibir →
7. nosotros, tomar →   8. vosotros, volver →
9. ellas, escribir →   10. nosotras, levantarse →

7 点過去を使って質問文を完成させてから、指示されたように答えなさい。 **Completa las preguntas y contesta. Usa pretérito perfecto simple.**

1. A: ¿A dónde _____ (viajar, vosotros)? → España
    B: _____
2. A: ¿Dónde _____ (conocer, ella) a Jorge? → Madrid
    B: _____
3. A: ¿Qué _____ (comer, ellos)? → unas tapas
    B: _____
4. A: ¿Qué _____ (tomar, ustedes)? → café
    B: _____
5. A: ¿Cuándo _____ (recibir, tú) su mensaje? → cuando volví a Japón
    B: _____

8 次の答えになるような質問を点過去あるいは線過去を使って書きなさい。 **Fíjate en la respuesta y escribe la pregunta más adecuada. Usa pretérito perfecto simple o imperfecto.**

1. A: ¿Dónde _____ a esa chica?   B: La conocí en mi viaje a España.
2. A: ¿Cómo _____?   B: Marianne.
3. A: ¿_____?   B: Francesa.
4. A: ¿_____?   B: ¿Los ojos? Azules.
5. A: ¿Qué le _____?   B: La música.

9 適切な語を書きなさい。 **Completa con una palabra.**

1. El hijo de mi tía es mi _____.
2. La madre de mi padre es mi _____.
3. El hermano de mi madre es mi _____.
4. Mi madre es la _____ de mi padre.
5. Mi hermano es el _____ de mi madre.
6. El _____ de mi madre es mi padre.

Unidad 3. Mi barrio

I 線過去 2 Pretérito imperfecto (II) → Unidad 2 I
線過去の用法 2→ Pretérito imperfecto: usos (II)

過去の習慣や人の容姿、物の性質、場所の様子等を述べるために使われる。 (→ U2, I)
- 「〜歳だった」の意味では *tener* は常に線過去で使われる。
  Cuando tenía cinco años, vivía en un pueblo. 5歳の頃小さな町に住んでいた。
- *hay* の過去で「〜が存在していた」の意味では常に線過去が使われる。
  Había mucha gente en el tren. 電車には人がたくさんいた。
- 「ある、いる」を表す *estar*: *La escuela estaba cerca de mi casa.* 学校は私の家の近くだった。
- 物の性質や場所の様子を描写する *ser*: *Las casas eran pequeñas.* 家々は小さかった。

過去に繰り返し行われていた行為を表す。→IV

II 点過去 3: 不規則活用 Pretérito perfecto simple (III): Conjugación irregular
→ Unidad 1 V, Unidad 2 III, Unidad 4 III, Unidad 5 III, Unidad 11 I
不規則活用 conjugación irregular

venir 来る

vine	vinimos
viniste	vinisteis
vino	vinieron

estar ある

estuve	estuvimos
estuviste	estuvisteis
estuvo	estuvieron

ponerse 着る

me puse	nos pusimos
te pusiste	os pusisteis
se puso	se pusieron

hacer する、作る

hice	hicimos
hiciste	hicisteis
hizo	hicieron

poder 〜できる

pude	pudimos
pudiste	pudisteis
pudo	pudieron

ser / ir 〜である/行く

fui	fuimos
fuiste	fuisteis
fue	fueron

点過去の用法 3 Pretérito perfecto simple: usos (III)→ Unidad 1 V, Unidad 2 III, Unidad 5 III

出来事等を終わったこととして述べる時に使われる。
El mes pasado vinieron a Madrid unos amigos de Argentina. 昨年アルゼンチンから数人の友人がマドリッドに来た。 (主語が動詞の後に置かれていることに注意)
Mis amigos estuvieron unos días en un hotel cerca de mi casa. 友人達は私の家の近くのホテルに数日滞在した。 (数日という期間がはっきり指定されているためそれを 一つの出来事としてとらえるので点過去)

III 頻度表現   Expresiones de frecuencia

siempre	いつも	todos los días	毎日
normalmente	普通	todas las semanas	毎週
a menudo	しばしば	los domingos	毎日曜日
a veces	時々	los lunes y los miércoles	毎月曜日と毎水曜日
no / (casi) nunca	(ほとんど) 全くない	los fines de semana	毎週末

- 頻度表現は主語同様に文頭、文末や文中の様々な位置に置かれる。
  Hago deporte todos los días. / Todos los días hago deporte. 私は毎日スポーツをする。
  Los fines de semana no me levanto pronto. 週末は早起きをしない。
- *nunca, casi nunca* は否定文で使われるが動詞の前に置かれた場合は *no* は不要。
  No hago deporte casi nunca. / Casi nunca hago deporte. 私はめったにスポーツをしない。
  Los lunes nunca salgo con mis amigos. 私は月曜日は友人と出かけることはない。

| una vez al día | 1日1回 | cinco veces al mes | 月に5回 |
| dos veces a la semana | 週2回 | una vez al año | 年1回 |

- *al día, a la semana, al mes, al año* の *al* や *a la* は「〜につき」の意味で、「〜回」を表す *vez* (複数は *veces*) と組み合わせて使われる。
  Una vez al año viajo sola. 私(女性)は年に1回一人旅をする。
  Mis padres toman el tren dos veces al día. 私の両親は1日2回電車に乗る。

IV 線過去と点過去 1 Pretérito imperfecto y pretérito perfecto simple (I) → Unidad 4 IV, Unidad 5 IV

過去に繰り返し行われていた行為等は一般に線過去で表される。点過去は過去の出来事等を終わったこととしてまとめて述べる時に使われる。

- *Antes jugaba al fútbol una vez a la semana.* 以前は週1回テニスをしていた。
  Una vez jugué al tenis con un tenista profesional. 一度プロのテニス選手とテニスをした。
  週1回のテニスのように過去に繰り返し行われていた行為等は線過去。一度だけ行ったことを述べる場合は点過去。
- *Juan venía a casa una vez al mes.* ファンは1月に1回家に来ていた。
  Juan vino a Japón hace diez años. ファンは10年前に日本に来た。
  月1回のように過去に繰り返し行われていた行為等は線過去。一度だけ日本に来たことを述べる場合は点過去。

V 関係詞 2: donde Relativos (II): *donde* → Unidad 2 IV, Unidad 10 IV

1. 関係節の作り方
  関係詞 *donde* は *que* 同様に文を形容詞の働きをする関係節にすることができる。*Yo jugaba con mis amigos en el parque.* 「私は友人達と公園で遊んでいた」という文から場所を表す *parque* を修飾する関係節を作って「私が友人達と遊んでいた公園」と言う場合、関係詞は *donde* を使って *donde (yo) jugaba con mis amigos* になる。
  Yo jugaba con mis amigos en el parque. → *el parque donde yo jugaba con mis amigos*
    en el parque は最初の文の場所を表す補語　　私が友人達と遊んでいた公園
  Mi padre estudió en esta escuela. → *la escuela donde estudió mi padre*
    en esta escuela は最初の文の場所を表す補語　私の父が勉強した学校

2. 関係節を含む文
  Esta es la escuela donde estudió mi padre. これが私の父が勉強した学校です。
    la escuela donde estudió mi padre は *ser* の属詞。

VI 命令 2: tú Imperativo (II): *tú* → Unidad 1 VI, Unidad 5 V, Unidad 8 II, Unidad 9 II

tú で話す相手に対する命令の不規則的な形

tener	→ *Ten.* (物を渡しながら) どうぞ。	salir	→ *Sal de aquí.* ここから出なさい。
venir	→ *Ven.* いらっしゃい。	hacer	→ *Haz eso.* それをしなさい。
decir	→ *Di.* 言いなさい。	ir	→ *Ve rápido.* 早く行きなさい。
poner	→ *Pon la chaqueta aquí.* ジャケットをここに置きなさい。		
ser	→ *Sé bueno.* いい子でいなさい。		

- 命令形はイントネーションによって「〜しなさい」とのような強い意味や、「〜して」という軽い調子にもなるので注意すること。

Unidad 3. Mi barrio

1 点過去の活用形を書きなさい。 **Conjuga en pretérito perfecto simple.**
1. tú, venir →
2. vosotros, ir →
3. yo, ver →
4. ellos, venir →
5. yo, aprender →
6. nosotros, vivir →
7. ella, ser →
8. ustedes, ver →
9. tú, estar →
10. vosotros, ser →
11. usted, trabajar →
12. ellas, estar →
13. yo, ponerse →
14. nosotros, levantarse →

2 直説法現在あるいは線過去の適切な形を使って、文章を完成させなさい。 **Completa con presente o pretérito imperfecto.**

Cuando (1) _____ (yo, tener) diez años, mi familia y yo (2) _____ (vivir) en un pueblo muy pequeño. Ahora (3) _____ (vivir, nosotros) en una ciudad muy grande. En el pueblo (4) _____ (haber) mucha naturaleza y las casas (5) _____ (ser) grandes. En la ciudad las casas (6) _____ muy pequeñas y siempre (7) _____ mucha gente. Yo antes (8) _____ (estudiar) en una escuela que (9) _____ (estar) muy cerca de mi casa. Ahora (10) _____ (estudiar) en una universidad que (11) _____ (estar) bastante lejos.

3 正しい方を選びなさい。 **Selecciona la forma correcta.**
1. El mes pasado *vienen / vinieron* a mi casa unos amigos de Perú. *Estuvieron / están* una semana. *Hacemos / Hicimos* muchas cosas.
2. El fin de semana pasado mis padres y yo *estuvieron / estuvimos* en Bilbao. *Comemos / Comimos* muy bien y *fuimos / fuisteis* al Museo Guggenheim.
3. A: ¿Qué *hiciste / haces* en las vacaciones?
   B: No *hago / hice* nada especial. *Estuvo / Estuve* en casa y *estudio / estudié* mucho.
4. Mi hermana *como / comió* mucho marisco y *se pone / se puso* enferma.
5. La semana pasada *voy / fui* al cine con unos amigos. *Vemos / Vimos* una película muy interesante.

4 例のように **antes de entrar en la universidad** を付け加えて質問を書き、またそれに答えなさい。 **Escribe la pregunta y la respuesta como en el ejemplo. Añade *antes de entrar en la universidad* en la pregunta.**

例) tú, hacer deporte a menudo
P: ¿Hacías deporte antes de entrar a la universidad?
R: Sí, hacía deporte a menudo.

1. vosotros, jugar al fútbol nunca
   P: _____
   R: _____
2. tú, salir con los amigos a veces
   P: _____
   R: _____
3. vosotros, tomar el tren dos o tres veces al mes
   P: _____
   R: _____
4. tú, levantarse pronto todos los días
   P: _____
   R: _____
5. vosotros, viajar dos veces al año
   P: _____
   R: _____

5 donde を使って 1 つの文にしなさい。 **Forma frases con *donde*.**
1. Este es el parque. En el parque mis amigos y yo jugábamos al fútbol.
→_____
2. La universidad está cerca de mi casa. Mi primo estudia en la universidad.
→_____
3. Voy a ir a la ciudad. Mis tíos viven en la ciudad.
→_____

6 donde か que のいずれかを選び、線過去を使って文を完成させなさい。 **Completa con pretérito imperfecto y selecciona *donde* o *que*.**
1. Aquí _____ (haber) un cine *donde / que* _____ (ver) películas con mis amigos.
2. Esta es la escuela *donde / que* yo _____(estudiar) cuando_____(ser) pequeño.
3. Antes_____ (nosotros, vivir) en una casa *donde / que* _____ (estar) muy cerca de la estación.
4. Mi madre_____(trabajar) en una librería *donde / que* _____ (haber) muchos cómics japoneses.
5. La librería *donde / que* _____ (estar) cerca de mi casa, _____ (tener) muchos cómics japoneses.

7 tú に対する命令形を使って文を完成させなさい。 **Completa con el imperativo tú.**
1. Para ir a mi universidad, _____ (tomar) la línea Yamanote y _____ (bajar) en la estación de Gotanda.
2. ¿El museo? _____ (seguir) recto y _____ (girar) la segunda a la derecha. Está al lado del Hotel Sol.
3. A: ¿Qué comemos hoy?
B: No sé, _____ (pedir) una pizza.
4. ¿Vas a jugar? Bueno, _____ (jugar) un poco y _____ (volver) a casa pronto.
5. _____ (hacer) los deberes, _____ (salir) pronto de casa y _____ (ir) directo a la universidad.

8 直説法現在、線過去、点過去の適切な形を使って文を完成させなさい。 **Completa con la forma adecuada de presente, pretérito imperfecto o pretérito perfecto simple.**
1. Ayer mis amigos y yo _____ al fútbol. Antes yo _____ todos los días, pero ahora no _____ casi nunca. (jugar)
2. Cuando era pequeño, _____a España todos los veranos con mi familia. Ahora _____cuatro o cinco veces al año por trabajo. El año pasado _____ ocho veces. (ir)
3. A: La semana pasada no _____ a clase.
B: Lo siento. No _____ porque estaba enfermo. (venir)
4. A: ¿_____ deporte normalmente?
B: Antes _____ deporte casi todos los días, pero ahora no _____ deporte casi nunca. Estoy muy ocupado. (hacer)
5. Antes _____ mucho pero ahora no _____ casi nunca porque no tengo vacaciones. Hace dos años _____ por Europa solo durante dos semanas. (viajar)

Unidad 4. Mi tiempo libre

I 時を表す表現 1: 過去　Marcadores temporales (I): pasado　→ Unidad 6 II, Unidad 7 I

ayer 昨日　　anoche 昨晩　　anteayer 一昨日	
en 2015 2015 年に en mayo de 2015 2015 年 5 月に el 4 de mayo de 2015 2015 年 5 月 4 日に	年:「〜年に」は en を伴うが「〜年〜月」は de 月:「〜月に」は en を伴うが「〜月〜日」は de 日付:「〜日に」は定冠詞 el を伴う。
el domingo (pasado) 先週の土曜日に el verano pasado この前の夏に la semana pasada 先週 el año pasado 去年	pasado は「過ぎた、前の」el domingo のような曜日を表す表現は pasado を付けない場合は過ぎた日曜日か次かは状況判断による。 pasado は形容詞で前の名詞に性が一致する。
hace una hora y media 1 時間半前に hace tres días 3 日前に hace una semana 1 週間前に hace dos meses y medio 2 か月半前に hace un año y medio 1 年半前に	hace の後ろには「〜年間」「〜月間」「〜時間」のような期間を表す表現が置かれ「〜前に」の意味。「〜半」は男性名詞 (día, mes, año) の後ろは medio、女性名詞 (hora, semana) の後ろは media

- *el año pasado* のように *pasado* のついた表現は、去年の全部あるいはその中の任意の一時点を指す。*El año pasado fui a Kioto.* 先週京都に行った。(任意の一時点)
  Estudié español mucho el año pasado. 去年はスペイン語をたくさん勉強した。(全部)
- *hace un año* のように *hace* のついた表現は「1 年前」のような一時点を指す。
  Hace tres meses fui a Kioto y visité Kinkakuji. 3 か月前に京都に行って 金閣寺を訪問した。

II 自動詞と他動詞　Verbos transitivos e intransitivos

以下の表現で動詞はそれぞれ自動詞あるいは他動詞として使われている。他動詞では枠内の表現を省略すると *lo, la, los, las* のような直接目的人称代名詞が必要。下線部の「いつ」「どこ」「誰と」のような表現は他動詞とともに使うこともできる。

自動詞	
comer con mi familia 家族と食事する	llegar tarde 遅れて着く
jugar a videojuegos ビデオゲームをする	llegar a casa 家に着く
ir a la universidad 大学に行く	trabajar en un restaurante レストランで働く
ir de compras 買い物に行く	salir de casa 家を出る

他動詞	
dormir la siesta 昼寝をする	pedir carne 肉を注文する
preparar la comida 食事を準備する	escuchar música 音楽を聴く
ver la televisión テレビを見る	hacer deporte スポーツをする
tener un partido de tenis テニスの試合をする	leer libros 本を読む

Hoy yo preparo la comida. → Hoy yo la preparo.
María tuvo un partido de tenis la semana pasada. → María lo tuvo la semana pasada.

III 点過去 4　Pretérito perfecto simple (IV) →
→ Unidad 1 V, Unidad 2 III, Unidad 3 II, Unidad 6 III, unidad 11 I

pedir 頼む

pedí	pedimos
pediste	pedisteis
pidió	pidieron

dormir 眠る

dormí	dormimos
dormiste	dormisteis
durmió	durmieron

tener 持つ

tuve	tuvimos
tuviste	tuvisteis
tuvo	tuvieron

jugar プレイする	
jugué	jugamos
jugaste	jugasteis
jugó	jugaron

llegar 着く	
llegué	llegamos
llegaste	llegasteis
llegó	llegaron

levantarse 起きる	
me levanté	nos levantamos
te levantaste	os levantasteis
se levantó	se levantaron

IV 線過去と点過去 2　Pretérito imperfecto y pretérito perfecto simple (II) → Unidad 3 IV, Unidad 5 IV

過去の出来事や行為は点過去、それらが起こった時の状況は線過去で表す。

- *El domingo fui al zoo con mi novia porque hacía buen tiempo.* 日曜日はよい天気だったので、動物園に行った。(「動物園に行った」は行為なので点過去、天気が良かったは線過去)
- *Queríamos ir a pie, pero fuimos en autobús porque el zoo estaba un poco lejos.* 私達は歩いて行きたかったけれども、動物園は少し遠かったので、バスで行った。(メインの「行為」は「バスで行った」ことなので点過去。「歩いて行きたかった」「動物園は遠かった」は状況なので線過去)
- *Vimos una jirafa que era muy alta.* 私達はキリンを見た。大きかった。(「キリンを見た」は行為なので点過去、キリンの様子は線過去)

V 現在分詞　Gerundio

現在分詞は、動詞に副詞的な働きをさせる形で、性数変化せず常に同じ形で使われる。

規則形　Formas regulares

-ar 動詞は-ar を-ando に	-er 動詞、- ir 動詞は-er, -ir を-iendo に	
hablar → hablando	**comer → comiendo**	**escribir → escribiendo**

不規則形　Formas irregulares

leer 読む　→ leyendo	ir 行く　　→ yendo	dormir 寝る → durmiendo
venir 来る　→ viniendo	pedir 頼む→ pidiendo	decir 言う　→ diciendo

- 現在分詞は動詞 *estar* とともに使われ「～している」という意味の進行形になる。*estar* は現在、線過去等様々な時制で使われる。
  José está escribiendo un mensaje con el ordenador. ホセは PC でメッセージを書いている。
  Mario no está estudiando. マリオは勉強していない。
  Mi hermano estaba durmiendo. 私の兄は寝ていた。
  Cuando me llamó mi novia, yo estaba comiendo. 彼女が電話した時私は食事をしていた。
- スペイン語の現在進行形は「今まさに～している」という意味で使われ、英語のように「将来～する」の意味では使われないことに注意。
  (英) *I am studying now.* →*Estoy estudiando ahora.* (進行形)
  (英) *I am going to Peru in summer.* →*Voy a ir a Perú en verano. / Voy a Perú en verano.*

VI 誘いと返事　Invitar y responder

¿Qué te (le) parece si + 文? ～はどうですか	*¿Qué te parece si vamos al cine?* 映画館に行くのはどう? (*usted* に対して) *¿Qué le parece si nos vemos el sábado?* 土曜日に会うのはどうですか。
¿Por qué no + 文? ～しましょう。	*¿Por qué no nos vemos el sábado?* 土曜日に会いましょう。

Vale. 了解。　　　　　*Genial.*　素晴らしい。 *Muy bien.* いいね。	*Lo siento, pero no puedo.* 申し訳ないけど無理なんです。

Unidad 4. Mi tiempo libre

1 まず動詞を正しい形にしなさい。次に時を表す表現を、現時点を基準にした他の言い方に変えて、全文を書きなさい。**Completa los verbos y cambia el marcador temporal por uno que tenga el mismo significado en función del día en el que estás hoy.**

例）　今日が火曜日の場合 Tomando como referencia que hoy es martes:

El lunes com____ con mi familia.

→ Ayer comí con mi familia.

1. El mes pasado yo trabaj____ mucho.

   → _____

2. Mi padre prepar____ la comida el sábado pasado.

   → _____

3. Vosotros no salist____ de casa el domingo.

   → _____

4. Mis padres no durm____ la siesta anteayer.

   → _____

5. Rina y yo fui____ de compras hace cuatro días.

   → _____

2 適切な表現を枠内から選び、それぞれの人が昨日行ったことについて文を書きなさい。**Elige las expresiones del recuadro y forma frases sobre lo que hicieron ayer.**

例）　yo, llegar　　　→ Ayer llegué tarde a casa.

1. María, jugar　　　→ _____

2. vosotros, ir　　　→ _____

3. ella, dormir　　　→ _____

4. Juan y Blas, pedir → _____

5. tú y yo, tener　　→ _____

la siesta	al tenis	carne	de compras	un partido de tenis	tarde a casa

3 主語を複数にして全文を書きなさい。**Escribe estas frases con el sujeto en plural.**

1. Ayer mi padre no durmió en toda la noche.

   → _____

2. El sábado tuve un partido de tenis.

   → _____

3. ¿A qué hora saliste de casa?

   → _____

4. Silvia no fue a la fiesta el sábado.

   → _____

5. El domingo me levanté muy pronto.

   → _____

4 （　）から動詞を選び、線過去または点過去の適切な時制に活用して文を完成させなさい。**Elige el verbo adecuado y completa con pretérito imperfecto o pretérito perfecto simple.**

1. El domingo _____ al cine con un amigo porque no _____ buen tiempo. (hacer, ir)

2. Aunque nosotros _____ ir a pie, _____ en tren porque el cine _____ un poco lejos. (estar, querer, ir)
3. Nosotros _____ una película. En el cine no _____ mucha gente. (haber, ver)
4. Nosotros _____ en un restaurante que no _____ muy barato, aunque la comida _____ muy buena. (cenar, estar, ser)
5. Yo _____ a casa a las diez. Aunque yo _____ cansado, lo _____ muy bien. (estar, volver, pasar)

5 線過去、点過去の適切な形を入れて文を完成させなさい。 **Completa con la forma adecuada de pretérito imperfecto o pretérito perfecto simple.**
1. Como _____ (yo, tener) mucha hambre, _____ (pedir) pizza y pasta.
2. _____ (nosotros, jugar) al tenis porque _____ (hacer) buen tiempo.
3. Aunque _____ (hacer) mal tiempo, _____ (nosotros, salir) de casa.
4. Cuando _____ (vosotros, llegar) a casa, no _____ (haber) nadie.
5. _____ (haber) mucha gente pero _____ (nosotros, esperar).

6 前半の動詞を点過去に、後半の動詞を *estar* と現在分詞を使った進行形にして文を完成させなさい。 **Completa la primera parte de la frase con la forma adecuado del pretérito perfecto simple y la segunda parte de la frase con la forma adecuada del verbo estar y el gerundio del verbo entre paréntesis.**
1. Anoche, cuando _____ (yo, llegar) a casa, todos _____ _____ (dormir).
2. Cuando _____ (empezar) la película, yo todavía _____ _____ (trabajar).
3. Cuando nosotros _____ (salir) del cine, _____ _____ (llover).
4. Cuando tú me _____ (llamar) por teléfono, yo _____ _____ (cenar) con una amiga.
5. Cuando _____ (ocurrir) el terremoto, yo _____ _____ (ir) a la universidad.

7 例のように、友人を誘い、指示されたように誘いを受けたり断ったりする文を書きなさい。 **Fíjate en el ejemplo. Invita y acepta o rechaza la invitación.**

例) ir al cine   P: ¿Por qué no vamos al cine el sábado?
    sí   R: Vale.
    ir al cine   P: ¿Qué te parece si vamos al cine el sábado?
    no   R: ¿El sábado? Lo siento, pero no puedo.

1. jugar al tenis el sábado   P: _____
    sí   R: _____
2. ir de compras mañana   P: _____
    no   R: _____
3. ir al fútbol el domingo   P: _____
    sí   R: _____
4. hacer deporte esta noche   P: _____
    no   R: _____
5. estudiar juntos el martes   P: _____
    sí   R: _____

Unidad 5. Mi último viaje

I 天候表現　Tiempo atmosférico

単に過去のある時期の天気を述べる場合は点過去、ある行為や出来事のあった時の状況として天気を述べる場合には線過去が使われる。

1.	hacer	動詞 *hacer* の後は名詞 *Hizo (Hacía) muy buen / mal tiempo.* とても良い/悪い天気だった。 *Hizo (Hacía) mucho calor / frío / sol.* とても暑/寒かった/日が照っていた。
2.	llover nevar	*Llovió (Llovía) mucho.* たくさん雨が降った (降っていた)。 *Nevó (Nevaba) mucho.* たくさん雪が降った (降っていた)。
3.	estar	*Estuvo (Estaba) muy nublado.* とても曇っていた。

II 形容詞と副詞　Adjetivos y adverbios

形容詞の用法の1つは名詞の修飾で、形容詞は名詞の性と数に一致する。副詞の用法の1つは動詞の修飾である。副詞はどんな場合も形を変えない。

形容詞	*Fue un viaje interesante / estupendo / divertido / aburrido.* 面白い/素晴らしい/愉快な/退屈な旅行だった。 形容詞はすべて *viaje* に一致しているので男性単数
副詞	*Lo pasé fenomenal / muy bien / mal.* 素晴らしい時を/楽しく/嫌な時を過ごした。 *pasarlo bien* は必ず *lo* を伴って使う。*fenomenal* 等は副詞なので常に同じ形

III 点過去 5　Pretérito perfecto simple (V)
→ Unidad 1 V, Unidad 2 III, Unidad 3 II, Unidad 4 III, Unidad 11 I
点過去の用法 4　Pretérito perfecto simple: usos (IV)　→ Unidad 1 V, Unidad 2 III, Unidad 3 II

「〜から〜までの間」「長い間」のように期間が区切られていて、その期間の中ではずっとその行為等が続いていたことを表す場合点過去を用いる。
*Estuvimos **cinco días** en México.* 私達は5日間メキシコにいた。
***Del 1 al 15 de mayo** estuvimos en México.* 私達は5月1日から15日までメキシコにいた。
*Estuvimos **mucho tiempo** en México.* 私達は長い間メキシコにいた。

IV 線過去と点過去 3　Pretérito imperfecto y pretérito perfecto simple (II) → Unidad 3 IV, Unidad 4 IV

1〜5の数字は教科書 p.44 4F の表の 左側 (過去) の線や矢印に上から順に対応。
点過去の用法　Pretérito perfecto simple: usos

1. 「〜から〜までの間」「長い間」のように、期間が区切られていて、その期間の中ではずっとその行為等が続いていたことを表す。→ U5 III
2. 過去の出来事等を終わったこととしてまとめて述べる時に使われる。→ U1 V, 2 III, 3 II

線過去の用法　Pretérito imperfecto: usos

3. 点過去で表される行為等があった時などある一時点での状況を表す。→ 4 IV
4. 過去に繰り返し行われていた行為等を表す。→ U3 IV
5. 過去の習慣や人の容姿、物の性質、場所の様子等を述べる。→ U2 I

点過去または線過去の例	対応する現在形の例
1. *Tuve dos meses de vacaciones el año pasado.* 私は去年2か月の休暇があった。	*En verano tengo dos meses de vacaciones.* 私は夏に2か月の休暇がある。
2. *Fui a España en verano.* 夏にスペインに行った。	*Voy a España en verano.* 夏にスペインに行く予定だ。　(近い未来)

3.	*Estaba de vacaciones.* （夏にスペインに行った時の状況として）休暇中だった。	*Estoy de vacaciones.* 私は今現在休暇中だ。
4.	*Los domingos íbamos al cine.* 私達は日曜日は（繰り返し）映画に行っていた。	*Los domingos vamos al cine* 私達は日曜日は（繰り返し）映画に行く。
5.	*Vivía en un pueblo.* 私は村に住んでいた。	*Vivo en un pueblo.* 私は村に住んでいる。

V 命令 3: tú Imperativo (III): tú → Unidad 1 VI, Unidad 3 VI, Unidad 8 II, Unidad 9 II

tú で話す相手に対する代名動詞の命令は命令形の後にスペースを置かず *te* を付ける。強く発音される母音の位置は *te* を付けても変わらないので、多くの場合 後ろから数えて 3 番目の母音が強く発音されることになりアクセント記号が必要になる。

bañarse → *Báñate.* お風呂に入りなさい。	levantarse → *Levántate.* 立ちなさい。
alojarse → *Alójate.* 泊まりなさい。	acostarse → *Acuéstate.* 寝なさい。
dormir → *Duérmete.* 眠りなさい。	
ponerse → *Ponte la chaqueta.* ジャケットを着なさい。	irse → *Vete.* 行きなさい。

VI 直接目的語と間接目的語 Complemento directo e indirecto

他動詞は直接目的語を伴う。次のような動詞は他動詞として使われる。

reservar 予約する   *comprar* 買う   *probar* 初めて食べる   *visitar* 訪問する

- 直接目的語は名詞や代名詞 (人の場合のみ *a* を伴う) で、原則として動詞より後ろに置かれる。繰り返しを避けるため直接目的人称代名詞 *me, te, lo / la, nos, os, los / las* に置き換えられる場合は活用している動詞の直前に置かれる。
  Compré los billetes. → *Los compré.* 私はチケットを買った。
  Reservamos la mesa. → *La reservamos.* 私達はテーブルを予約した。
  *María visitó **a** José en las vacaciones.* → *Lo visitó.* マリアは休暇中にホセを訪問した。
  María visitó su universidad. → *La visitó.* マリアは彼の大学を訪問した。
- *querer, poder* のように他の動詞の不定詞を目的語とすることができる動詞もある。
  Querían reservar el hotel. 彼らはホテルを予約したかった。（*reservar el hotel* が直接目的）
  Pudiste terminar los deberes. 君は宿題を終えられた。（*terminar los deberes* が直接目的）

他動詞の中には. 直接目的語の他に動作が向けられる人を表す間接目的語を伴う動詞がある。次のような動詞である。

recomendar 推薦する   *comprar* 買う   *enseñar* 教える、見せる   *dar* 与える   *decir* 言う

- 間接目的語は代名詞 *me, te, le, nos, os, los, les* あるいは「*a*+人」で表される。ただし, ほとんどの場合代名詞 (*me, te, le...*) が使われ、意味をはっきりさせる、強調する等の理由で必要な時にさらに「*a* + 人」も付け加える。すなわち 1 つの文の中に 2 つの間接目的語があることになる。
  Yo le recomendé este hotel. 私はこのホテルを彼に推薦した。
  Yo le recomendé este hotel a Juan. 私はこのホテルをフアンに推薦した。
- 「*a* + 人」の文中の位置は比較的自由なので、動詞の前に置くことも後ろに置くこともできるが、代名詞 (*me, te, le...*) は活用している動詞の前に置かれる。
  A Antonio le recomendé hacer camping, pero a María no. アントニオにはキャンプを勧めたけれど、マリアには勧めていない。
  Os recomendamos visitar España. 私達は君達にスペインに行くことを勧める。

Unidad 5. Mi último viaje

1 例のような文章を書きなさい。 **Forma frases como en el ejemplo.**

例) nosotros, Bogotá, una semana, muy buen tiempo, estupendo
→ Fuimos a Bogotá. Estuvimos una semana. Hizo muy buen tiempo. Fue un viaje estupendo.

1. ellos, Madrid, 5 días, llover un poco, pasarlo fenomenal
→_____
_____

2. vosotros, Lima, 10 días, mucho frío, divertido
→_____
_____

3. tú, México, 2 semanas, mucho calor, pasarlo muy bien
→_____
_____

4. yo, Argentina, 15 días, muy buen tiempo, interesante
→_____
_____

5. nosotros, las Islas Galápagos, una semana, mucho viento, pasarlo muy bien
→_____
_____

2 適切な表現を枠内から選び、点過去を使って文を書きなさい。 **Elige las expresiones del recuadro y forma frases con pretérito prefecto simple.**

例) yo, comprar → Compré el billete de avión.
1. mis padres, alojarse → _____
2. vosotros, viajar → _____
3. ella, visitar → _____
4. usted, alquilar → _____
5. tú y yo, bañarse → _____

| en el mar | en tren | el billete de avión | un coche | Madrid | en un hotel |

3 線過去または点過去の適切な形を入れて会話を完成させなさい。 **Completa con la forma correcta de pretérito imperfecto o pretérito perfecto simple.**

1. A: ¿_____ (reservar) el hotel por internet?
   B: Sí, lo reservamos por internet porque _____ (ser) más barato.
2. A: ¿Dónde _____ (tú, alojarse)?
   B: _____ (alojarse) en un hotel. _____ (ser) muy grande y muy bonito.
3. A: ¿_____ (tú, visitar) el museo que te _____ (yo, recomendar)?
   B: _____ (yo, querer) visitarlo, pero no _____ (poder) porque _____ (estar) cerrado.
4. A: ¿_____ (vosotras, probar) la comida típica?
   B: _____ (querer) probarla, pero no _____ (poder) porque _____ (estar) enfermas.
5. A: ¿Qué _____ (vosotros, hacer) allí?
   B: _____ (visitar) muchos monumentos. _____ (ser) impresionantes.

4 例のように **tú** の命令形を使った文を書きなさい。 **Fíjate en el ejemplo y forma frases con imperativo *tú*.**

例) reservar el hotel por internet
→ Reserva hotel por internet.

1. probar el ceviche
→ _____

2. comprar regalos para tu familia
→ _____

3. hacer muchas fotos
→ _____

4. bañarse en el mar
→ _____

5. alojarse en un albergue
→ _____

5 動詞を適切な形で入れ、必要な場合は *me, te, lo*...等の代名詞を補って会話を完成させなさい。 **Completa con la forma adecuada del verbo y con un pronombre de complemento directo o indirecto, si es necesario.**

1. A: ¿Qué _____ (tú, recomendar, a mí) hacer en Madrid?
   B: _____ visitar el Museo Reina Sofía.

2. A: Profesor, ¿a dónde _____ (usted, recomendar, a nosotros) ir en verano?
   B: _____ ir a México.

3. A: En vuestras últimas vacaciones, ¿_____ (vosotros, comprar) el billete de avión por internet?
   B: Sí, _____ por internet.

4. A: _____ (tú, probar) la comida típica en tu viaje a Sevilla?
   B: Sí, _____.

5. A: ¿_____ (tú, visitar) a tus amigos en las últimas vacaciones?
   B: Sí, _____.

6 次の質問を完成させてから、自由に答えなさい。 **Completa con la forma correcta de pretérito imperfecto o pretérito perfecto simple y contesta libremente.**

1. A: ¿A _____ _____ (tú, ir) en las últimas vacaciones?
   B: _____

2. A: ¿_____ tiempo _____ (tú, estar)?
   B: _____

3. A: ¿_____ tiempo _____ (hacer)?
   B: _____

4. A: ¿_____ _____ (ser) la comida?
   B: _____

5. A: ¿_____ tal _____ (ser) el viaje?
   B: _____

Unidad 6. Alimentación

I vosotros と ustedes　*vosotros y ustedes*

> *tú* で話す人を含む複数の相手 (君達) に対してスペインでは *vosotros / vosotras* を使うが, イスパノアメリカでは *ustedes* を使う。動詞もそれに対応した形が使われる。
>
> *¿José y tú vais juntos?* ホセと君は一緒に行きますか。 (スペイン) *José y tú* は *vosotros*
>
> *¿José y tú van juntos?* ホセと君は一緒に行きますか。 (スペイン以外) *José y tú* は *ustedes*

II 現在完了　Pretérito perfecto compuesto

活用 hablar

yo	he hablado	nosotros / nosotras	hemos hablado
tú	has hablado	vosotros / vosotras	habéis hablado
usted, él / ella	ha hablado	ustedes, ellos / ellas	han hablado

- *he, has, ha...* の部分はすべての動詞で共通で、過去分詞 (*-ado, -ido* 等) が動詞によって異なる。過去分詞はどの人称でも同じ形が使われる。
- *ha hablado* のように 2 語のように書かれるが、*hahablado* のように 1 語と考えるとよい。*hablado ha* のように逆になったり *ha* と *hablado* の間に他の語が入ったりすることはない。

  ¿Tú has comprado el libro? ~~¿Has tú comprado el libro?~~

  Yo he comprado el libro. → Yo lo he comprado. ~~Yo he lo comprado.~~

過去分詞 Participio pasado

現在完了だけでなく、過去完了、未来完了等すべての複合時制で使われる。

規則形	*-ar* 動詞　　　ar → ado　　　hablar → hablado　　　estar → estado
	-er, -ir 動詞　　er → ido / ir → ido　　comer → comido　　vivir → vivido
不規則形	abrir　　→ abierto 開く　　decir → dicho 言う　　escribir → escrito 書く
	freír　　→ frito 揚げる　　hacer → hecho する、作る　poner　→ puesto 置く
	romper → roto 壊す　　　ver　→ visto 見える　　volver → vuelto 戻る

代名動詞の活用　　Conjugación: verbos pronominales

ponerse

yo	me he puesto	nosotros / nosotras	nos hemos puesto
tú	te has puesto	vosotros / vosotras	os habéis puesto
usted, él / ella	se ha puesto	ustedes, ellos / ellas	se han puesto

現在完了の用法　Pretérito perfecto compuesto: usos

1. *una vez, dos veces* や *nunca* のような語を伴い経験を表す。 「～したことがある」

   He estado una vez en Kioto. 私は 1 回京都に行ったことがある。

   Blas ha estado muchas veces en Kioto. ブラスは何回も京都に行ったことがある。

   Mis hermanos han comido paella muchas veces. 私の兄弟は何回もパエリアを食べた。

   - *nunca* は否定文で使われ「～したことが一度もない」の意味。動詞の前に置かれた場合は否定辞の *no* は省略される。

     Yo no he estado nunca en Kioto. = Yo nunca he estado en Kioto.

     京都に 1 度も行ったことがない。

   - 「～したことがありますか」と質問する時は *alguna vez* を使う。

     ¿Has comido paella alguna vez? 君はパエリアを食べたことがありますか。

2. *todavía*「まだ」や *ya*「もう」を伴い、完了を表す。

Ana María no se ha levantado. アナマリアはまだ起きていない。

¿Ana María no se ha levantado todavía? アナマリアはまだ起きていないのですか。

Ya se ha levantado Ana María. アナマリアはもう起きた。

¿Ya se ha levantado Ana María? アナマリアはもう起きたのですか。

3. 時を表す表現: 現在完了 2 **Marcadores de tiempo (II): Pretérito perfecto compuesto**
→ **Unidad 4 I, Unidad 7 I**

次のような表現とともに使われるとスペインでは現在完了が使われる。反対に文の中に *hace dos meses*「2 か月前」のように明らかな過去の表現があると現在完了は使われない。

hoy 今日	esta mañana 今朝	esta tarde 今日午後	esta noche 今夜
esta semana 今週	este mes 今月	este año 今年	

Hoy me he levantado tarde. 今日は遅く起きた。(現在完了, スペイン等)

Hoy me levanté tarde. 今日は遅く起きた。(点過去, メキシコ等)

Hoy he comido a las tres. 今日は 3 時に食事した。(現在完了, *hoy* があるため)

Comí hace dos horas. 2 時間前に食事した。(点過去, *hace dos horas* があるため)

4. 話し手が近いと考える過去の事柄について述べる。何を「近い」と考えるかは、どのような内容に言及しているかによる。例えば 20 年スペインに住んでいた人が 2 か月前に帰国した場合は近い過去だが、1 か月滞在した人が 2 か月前に帰国した場合はあまり近い過去だとは感じられない。

III 過去完了　**Pretérito pluscuamperfecto**

活用　hablar

yo	había hablado	nosotros / nosotras	habíamos hablado
tú	habías hablado	vosotros / vosotras	habíais hablado
usted, él / ella	había hablado	ustedes, ellos / ellas	habían hablado

- *había, habías, había...* の部分はすべての動詞で共通で、過去分詞（*-ado, -ido* 等）が動詞によって異なる。過去分詞はどの人称でも同じ形が使われる。
- *había hablado* のように 2 語のように書かれるが現在完了の場合同様に *habíahablado* のように 1 語と考えるとよい。

過去完了の用法　**Pretérito pluscuamperfecto: usos**

現在完了が、現在の時点を基準として、経験やすでに行った、まだ行っていない のような意味を表すのに対して、過去完了は基準になる時が過去の一点であると考えるとよい。すなわち過去の時点、例えば「4 月に大学に入学した」という時点のことが話題になっている時、その時点では「スペイン語の勉強を始めていなかった」と言う場合に過去完了が使われる。単に「5 月 3 日に東京に行った。5 月 1 日に横浜に行った」のように過去の事項を列記する場合に使われるわけではない。

Hace un año y medio, Riho empezó a estudiar español. Había estudiado inglés durante nueve años. 1 年半前、里穂はスペイン語の勉強を始めた。(その時点で) 英語を 9 年間勉強していた。

El verano pasado Yu conoció a Lorena. Nunca había tenido amigos españoles. 昨夏裕はロレナと知り合った。(その前には) スペイン人の友人を持ったことはなかった。

José Antonio comió sushi ayer. Había comido tempura una vez. ホセアントニオは昨日寿司を食べた。(その時点で) 一度天ぷらを食べたことがあった。

Unidad 6. Alimentación

1 現在完了の活用形を書きなさい。 **Conjuga en pretérito perfecto compuesto.**
1. yo, estar →
2. nosotros, ser →
3. usted, ir →
4. ustedes, tener →
5. ella, abrir →
6. vosotros, hacer →
7. tú, ver →
8. ellos, ponerse →
9. yo, romper →
10. vosotros, bañarse →

2 現在完了の適切な形を入れて文を完成させなさい。 **Completa con la forma adecuada del pretérito perfecto compuesto.**
1. A: ¿_____ (vosotros, estar) alguna vez en Tailandia?
   B: No, no _____ nunca.
2. A: ¿_____ (ustedes, probar) alguna vez el *okonomiyaki* de Hiroshima?
   B: Sí, lo _____ una vez.
3. A: ¿A qué hora _____ (tú, levantarse) hoy?
   B: _____ a las siete.
4. A: ¿_____ (ustedes, ver) ya esta película?
   B: No, todavía no la _____.
5. A: ¿_____ (vosotros, terminar) ya los deberes?
   B: Sí, ya los _____.

3 例のように **ya** や **todavía** を使って質問と答えを書きなさい。 **Escribe la pregunta y la respuesta como en el ejemplo. Usa *ya o todavía.***
例) la película, empezar   P: ¿Ha empezado la película ya?
    sí   R: Sí, ya ha empezado.
1. Ana, escribir el mensaje   P: _____
   no   R: _____
2. el museo, abrir   P: _____
   sí   R: _____
3. los niños, acostarse   P: _____
   no   R: _____
4. tus amigos, llegar a Japón   P: _____
   sí   R: _____
5. vosotros, hacer el trabajo   P: _____
   no   R: _____

4 点過去または現在完了の適切な形を入れて文を完成させなさい。 **Completa con pretérito perfecto simple o con pretérito perfecto compuesto.**
1. Ayer _____ (nosotros, cenar) mucho, por eso hoy no _____ (desayunar).
2. El año pasado _____ (yo, empezar) a estudiar español y este año _____ (yo, hacer) el examen de DELE A2.
3. Hace tres meses mis padres _____ (ir) por primera vez al extranjero y este mes _____ (ir) otra vez.
4. Esta mañana _____ (nosotros, levantarse) muy tarde porque anoche _____ (nosotros, acostarse) muy tarde.

5. Hace una semana _____ (yo, pedir) unos libros por internet y todavía no _____ (llegar).

5 過去完了の活用形を書きなさい。 **Conjuga en pretérito pluscuamperfecto.**
1. tú, abrir →
2. vosotros, hacer →
3. yo, ir →
4. ellos, freír →
5. yo, salir →
6. nosotros, bañarse →
7. ella, irse →
8. ustedes, escribir →
9. tú, ponerse →
10. vosotros, decir →

6 正しい方を選びなさい。 **Selecciona la forma correcta.**
1. Hace un año Tomoko *ha empezado / empezó / había empezado* a estudiar español. Ya *estudió / ha estudiado / había estudiado* inglés siete años.
2. El año pasado *había conocido / conocí / he conocido* a Laura. Nunca *he tenido / había tenido / tuve* amigos españoles.
3. El verano pasado *hemos ido / fuimos / habíamos ido* a España. Ya *estuvimos / hemos estado / habíamos estado* en España cuatro años antes.
4. Hoy *nosotros comimos / hemos comido / habíamos comido* paella. Nunca antes *hemos comido / comimos / habíamos comido* comida española.
5. Anoche, cuando *habíamos llegado / hemos llegado / llegamos* a casa, mis padres ya *se acostaron / se habían acostado / se han acostado*.

7 動詞を選び、適切な時制に活用して文を完成させなさい。 **Elige el verbo adecuado y completa con la forma adecuada.**
1. Cuando yo _____ pequeño, _____ una vez a México. (ir, ser)
2. Aunque _____ mucho frío, esta mañana nosotros _____ al tenis. (jugar, hacer)
3. Ayer nosotros no _____ los deberes porque ya los _____ (hacer).
4. Normalmente yo _____ por la noche, pero ayer _____ a una fiesta y no _____ estudiar. (ir, poder, estudiar)
5. El año pasado mis amigos y yo _____ a Guatemala. Nos lo _____ muy bien. _____ un viaje estupendo. (ser, pasar, ir)

8 好きな動詞を1つ選び、次の時制で文を書きなさい。 **Elige un verbo y escribe una frase con los siguientes tiempos verbales.**

1.	現在：	
2.	線過去：	
3.	点過去：	
4.	現在完了：	
5.	過去完了：	

Unidad 7. Cuando termine la universidad, empezaré a trabajar

I 時を表す表現 3: 未来　Marcadores temporales (III): futuro　→　Unidad 4 I, Unidad 6 II

mañana 明日　　pasado mañana 明後日	
en 2025 en junio el 4 de junio de 2025	年: 「～年に」は *en* を伴うが「～年～月」は *de* 月: 「～月に」は *en* を伴うが「～月～日」は *de* 日付: 「～日に」は定冠詞 *el* を伴う。
el sábado (que viene), el próximo sábado 次の土曜日 la semana que viene, la próxima semana 来週 el año que viene, el próximo año 来年	*que viene* は「きたる」の意味。*El / la próximo/a* が使われることもあり、意味は変わらないがしばしば状況によって使い分けされる。*próximo/a* は名詞の前後どちらにおいてもよい。*la semana próxima, el año próximo*
dentro de una hora 1 時間後 dentro de dos días 2 日後 dentro de una semana 1 週間後 dentro de cinco meses 5 か月後 dentro de un año 1 年後	*dentro* の後ろには「～年間」「～月間」「～時間」のような期間を表す表現が置かれ「～後に」の意味。「～半」は男性名詞 (*día, mes, año*) の後ろは *medio*、女性名詞 (*hora, semana*) の後ろは *media*

- *dentro* が「中に」という意味なので「～以内に」という勘違いが多いが、「～後に」であることに注意。「3 週間以内に」は *dentro de tres semanas o antes* と言う。

II 未来　Futuro

規則活用　Conjugación regular

yo	habla**ré**	nosotros / nosotras	habla**remos**
tú	habla**rás**	vosotros / vosotras	habla**réis**
usted, él / ella	habla**rá**	ustedes, ellos / ellas	habla**rán**

- 直説法未来はすべての動詞の活用語尾が同じ。
  comer → comeré, comerás, comerá, comeremos, comeréis, comerán
  vivir → viviré, vivirás, vivirá, viviremos, viviréis, vivirán

不規則活用　Conjugación irregular
不規則な語幹: 活用語尾は同じなので、語幹のみ覚えればよい

decir　→ diré 言う　　hacer → haré する, 作る　　poder → podré ～できる poner → pondré 置く　　salir　→ saldré 出かける　　tener　→ tendré 持つ　　venir → vendré 来る
decir　→ diré, dirás, dirá, diremos, diréis, dirán salir　→ saldré, saldrás, saldrá, saldremos, saldréis, saldrán

未来の用法　Futuro: usos

未来の出来事や行為について述べる。 *El año que viene iré a México.* 来年私はメキシコに行く。 *Hoy cenaremos en un restaurante.* 今日私たちはレストランで夕食を食べる。

未来の事象については、直説法未来を使う他に直説法現在や「*ir a* + 不定詞」で表すことができる。話し手が近いと感じる未来の事象はしばしば現在形で表される。 *Este verano voy a España.* (4 月ごろに) この夏はスペインに行く。 「*ir a* +不定詞」と未来の活用形は、使われる場面やニュアンスの違いがあるが一般にはもう一方を使うと間違いになるような大きな違いではない。

III 条件節 1: si Oraciones condicionales (I): *si* → Unidad 11 V

si は「もし」の意味だが「もし〜したら」という *si* を含んだ節では未来のことについて仮定する場合も直説法未来を使うことはできないので直説法現在を使う。「〜する (だろう)」という帰結文では未来形を使うことができる。

Si soy profesor tendré un trabajo relacionado con mis estudios, pero no ganaré mucho dinero.
もし私が教師になったら、自分が勉強したことと関連した仕事を持つことができるけれど、お金はたくさん儲けない。

Si María va a Argentina, visitará la Patagonia.
もしマリアがアルゼンチンに行ったら、パタゴニアに行くだろう。

IV 接続法現在 1: 活用 Presente de subjuntivo (I): conjugación → Unidad 8 IV

「法」は文について話し手の態度等を表す文法カテゴリーである。これまで現在、点過去、線過去、現在完了、過去完了、未来の時制を学んできたが、これらは「直説法」と呼ばれる法の時制である。スペイン語には直説法の他に「接続法」と呼ばれる法があり「現在」「過去」とそれぞれの完了時制である「現在完了」「過去完了」がある。接続法が使われる構文は決まっているので、どのような構文で使われるかを一つ一つ暗記していく必要がある。数が多いのでまとめて暗記するのではなく、まず活用を覚え、そして接続法を使った構文を見たらその都度暗記するようにするとよい。

規則的に作れる活用

多くの動詞は、直説法現在の活用形から規則的に接続法現在の活用を作ることができる。「直説法現在の *yo* を主語とする形の語尾の *o* を除いた形」を語幹とし、それに -*ar* 動詞は *e, es, e, emos, éis, en* を、-*er* 動詞と -*ir* 動詞は *a, as, a, amos, áis, an* を付ける。
不定詞の語尾が-*ar* で終わる動詞　hablar 話す

yo	hable	nosotros / nosotras	hablemos
tú	hables	vosotros / vosotras	habléis
usted, él / ella	hable	ustedes, ellos / ellas	hablen

語尾が-*er* で終わる動詞 comer 食べる

coma	comamos
comas	comáis
coma	Coman

語尾が-*ir* で終わる動詞　vivir 住む

viva	vivamos
vivas	viváis
viva	vivan

直説法現在の *yo* を主語とする形 (カッコ内) が不規則な動詞の活用

conducir 運転する (conduzco) → conduzca...　　conocer 知っている (conozco) → conozca...
hacer する (hago) → haga...　　oír 聞こえる (oigo) → oiga...　　poner 置く (pongo) → ponga...
pedir 依頼する (pido) → pida...　　venir 来る (vengo) → venga...　　ver 見る (veo) → vea...

V 接続法現在 1: 用法 Presente de subjuntivo: usos (I): Usos
→ Unidad 8 V, Unidad 9 I, Unidad 10 I, Unidad 11 III

アクセント記号の付かない *cuando* は 「〜の時」の意味になるが、未来の事象を表す場合に直説法未来は使われず、接続法現在が使われる

Cuando termine los exámenes, viajaré al extranjero. 試験が終わったら外国旅行する予定だ。
Cuando visite Argentina, practicaré español. アルゼンチンに行ったらスペイン語を練習する。
Cuando mis amigos vengan a Japón, iremos juntos a Nikko. 友人達が日本に来たら日光に一緒に行くつもりだ。

Unidad 7. Cuando termine la universidad, empezaré a trabajar

1 時を表す表現を、現時点を基準にした他の言い方に変えなさい。**Cambia el marcador temporal por uno que tenga el mismo significado en función del día en el que estás hoy.**

例） 今日が 9 月 28 日の場合 Tomando como referencia que hoy es veintiocho de septiembre:

el veinticinco de noviembre → dentro de un mes más o menos
1. dentro de un mes → _____
2. el veinte de diciembre → _____
3. pasado mañana → _____
4. en 2025 → _____
5. el domingo que viene → _____

2 直説法未来の活用形を書きなさい。**Conjuga en futuro.**

1. yo, vivir → 　　　　　　　　2. nosotros, ser →
3. usted, cenar → 　　　　　　　4. ustedes, trabajar →
5. ella, tener → 　　　　　　　　6. vosotros, venir →
7. tú, poder → 　　　　　　　　8. ellos, salir →
9. yo, decir → 　　　　　　　　10. vosotros, hacer →
11. tú, levantarse → 　　　　　　12. nosotros, ponerse →

3 動詞を直説法未来にして全文を書きなさい。**Escribe las siguientes frases usando futuro.**

例） Mañana ceno con mis amigos.
　　→ Mañana cenaré con mis amigos.
1. Vamos a México el año que viene.
　　→ _____
2. Hablas con el profesor mañana.
　　→ _____
3. Coméis en un restaurante el sábado.
　　→ _____
4. Hago los deberes esta noche.
　　→ _____
5. Venimos otra vez el viernes.
　　→ _____

4 例のように文を書きなさい。**Forma frases como en el ejemplo.**

例） yo, ser profesor, no ganar mucho dinero
　　→ Si soy profesor, no ganaré mucho dinero.
1. nosotros, ganar mucho dinero, comprar una casa muy grande
　　→ _____
2. yo, trabajar en una compañía pequeña, trabajar muchas horas
　　→ _____
3. ustedes, trabajar cerca de casa, no tener estrés
　　→ _____
4. vosotros, usar el español en el trabajo, ser más felices
　　→ _____
5. tú, tener muchas vacaciones, viajar a otros países
　　→ _____

5 表を完成させなさい。**Completa.**

	不定詞		直説法現在			接続法現在	
例)	viajar	yo →	viajo	yo	→	viaje	
1.	_____	yo →	vengo	nosotros	→	_____	
2.	_____	yo →	_____	vosotros	→	oigáis	
3.	hacer	yo →	_____	tú	→	_____	
4.	asistir	yo →	_____	ellos	→	asistan	
5.	_____	yo →	conduzco	yo	→	_____	
6.	_____	yo →	_____	vosotros	→	ganéis	
7.	decir	yo →	_____	ella	→	_____	
8.	_____	yo →	_____	tú	→	pongas	
9.	ver	yo →	_____	vosotros	→	_____	
10.	_____	yo →	_____	nosotros	→	nos aburramos	

6 動詞を選び直説法未来または接続法現在の適切な形を使って文を完成させなさい。**Elige el verbo adecuado y completa con futuro de indicativo o presente de subjuntivo.**

1. Cuando nosotros _____ los exámenes, _____ al extranjero. (viajar, terminar)
2. Vosotros _____ español cuando _____ Argentina. (visitar, practicar)
3. Cuando mi familia _____ a Japón, nosotros _____ a Disneylandia. (venir, ir)
4. Yo _____ los deberes cuando _____ a casa. (llegar, hacer)
5. Cuando nosotros _____, _____ por España. (graduarse, viajar)

7 *si, cuando, porque, aunque* のいずれかを入れなさい。**Completa.**

1. _____ gane mucho dinero, compraré una casa.
2. Voy a comprar una casa _____ gano mucho dinero.
3. Voy a comprar una casa _____ no gano mucho dinero.
4. No compraré una casa _____ gano mucho dinero.
5. Compré una casa _____ ganaba mucho dinero.

8 下から選んで文章を完成させなさい。**Completa el siguiente texto.**

El español se habla (1   ) lengua oficial (2   ) 20 países del mundo. Japón (3   ) importantes relaciones comerciales (4   ) varios países de Latinoamérica. El español (5   ) una lengua importante (6   ) mi futuro. (7   ) me gradúe de la universidad, (8   ) en una empresa multinacional y (9   ) español en mi trabajo. (10   ) tengo muchas vacaciones, (11   ) por Hispanoamérica. Cuando (12   ) mucho dinero, compraré una casa en México.

(1) a. como	b. porque	c. si	(2) a. a	b. en	c. para
(3) a. tenga	b. tuvo	c. tiene	(4) a. por	b. con	c. de
(5) a. sea	b. era	c. es	(6) a. por	b. para	c. a
(7) a. cuando	b. si	c. porque	(8) a. trabajo	b. trabajaré	c. trabajé
(9) a. hablo	b. hable	c. hablaré	(10) a. porque	b. cuando	c. si
(11) a. viajo	b. viajaré	c. viaje	(12) a. tengo	b. tenga	c. tendré

Unidad 8. ¿Quieres venir a mi casa?

I 過去未来 Condicional simple

規則活用

yo	habla**ría**	nosotros / nosotras	habla**ríamos**
tú	habla**rías**	vosotros / vosotras	habla**ríais**
usted, él / ella	habla**ría**	ustedes, ellos / ellas	habla**rían**

- 過去未来ではすべての動詞の活用語尾が同じ。

  comer → comería, comerías, comería, comeríamos, comeríais, comerían

  vivir → viviría, vivirías, viviría, viviríamos, viviríais, vivirían

不規則活用

不規則な語幹: 未来の語幹と同じ。活用語尾はすべての動詞で共通。

decir → diría 言う　　hacer → haría する、作る　poder → podría 〜できる
poner → pondría 置く salir → saldría 出かける　tener → tendría 持つ venir → vendría 来る

過去未来の用法 Condicional simple: usos

- 「もし私が君だったら」「自分はその立場にないけれどもしそうだったら」のように現実と違うことを想定して話す時に使う。「私が君だったら」は *yo que tú*
  Yo que tú, le regalaría una cartera. 私だったら彼に財布をプレゼントするだろう。
- 相手への忠告や、自分の希望を婉曲的に言う。
  「*tener que* + 不定詞」 *Tendrías que descansar.* 君は休むべきだと思うよ。
  「*querer* + 不定詞」　 *Querría ir de excursión.* 遠足に行きたいなあ。
  「*deber* + 不定詞」　 *Debes estudiar más.* 君はもっと勉強しなければいけない。（現在）
  　　　　　　　　　　 Deberías estudiar más. もっと勉強すべきなんじゃないかい。
- 動詞 *gustar* を使った文では、だれがそう思っているかは *me, te, le, nos, os, les* といった間接目的人称代名詞で表す。何を好きだと思っているかが、この文の主語でそれが動詞の場合、現在形では「〜することが好きだ」過去未来では「〜したいものだ」の意味になる。
  「*gustar* + 不定詞」　 *Me gusta escuchar música.* 私は音楽を聴くのが好きだ。
  　　　　　　　　　　 Me gustaría ir de excursión. 遠足に行きたいんだけどなあ。

II 命令 4: tú　Imperativo (IV): *tú* → Unidad 1 VI, Unidad 3 VI, Unidad 5 V, Unidad 9 II

tú で話す相手に対する命令で、目的語代名詞は代名動詞同様に命令形の後にスペースを置かず書かれる。強く発音される母音の位置は代名詞を付けても変わらないので、多くの場合後ろから数えて 3 番目の母音にあたり、アクセント記号が必要になる。

Compra esta botella de vino. → *Cómprala.* このワインボトルを買いなさい。
(ワインボトルは、この文の直接目的語、女性名詞単数なので *la* になる)
Ordena los juguetes. → *Ordénalos.* おもちゃを片付けなさい。
(*los juguetes*「おもちゃ」は この文の直接目的語で男性名詞複数なので *los* になる)
Regálale estos bombones. → *Regálaselos.* 彼にこのチョコレートをプレゼントしなさい。
(*Regálale* の *le* は「彼に」の意味の間接目的。さらに *los bombones* を表す *los* を付けると *le* は *se* に代わる。間接 *se* 直接 *los* の順番)
Ponte esta chaqueta. → *Póntela.* ジャケットを着なさい。
(*Ponte* の *te* は代名動詞の代名詞 *te*。さらに *la chaqueta* を表す *la* を付ける)

III ¡Qué + 形容詞! ¡Qué + adjetivo!

¡Qué + 形容詞 (+動詞+主語)! で「なんて〜なんだろう！」という感嘆文になる。形容詞は指している物の性と数に一致する。
¡Qué bonita (es esta flor)! この花はなんてきれいなのだろう。
¡Qué bonitos (son estos edificios)! これらの建物はなんてきれいなのだろう。
¡Qué cansada (estoy)! 私(女性)はなんて疲れているんだろう。(ああ、疲れた)

IV 接続法現在 2: 活用 Presente de subjuntivo (II): conjugación→ Unidad 7 IV

- 活用はすべて、まず音で活用形を考えてからそのまま書くようにする。また [θe] の音は ze ではなくすべて ce と書かれる。
  buscar → 文字だけで活用形を考えると接続法現在 *yo* の形は *busce* になるが、*car* の子音は[k]。日本語の「ケ」に近い音は *que* になるので *busque*
  coger → *cogo* は「コゴ」に近い音。のどの奥から出す「ホ」に近い音は *jo*
  pagar → *page* は「パヘ」に近い音。日本語の「ゲ」の音は *gue*
- 直説法現在で *cerrar* のように語幹の母音の *e* が *nosotros, vosotros* 以外の人称で *ie* に *u* が *ue* になる語幹変化動詞は接続法現在でも同様に変化する。
  empezar   → empiece, empieces, empiece, empecemos, empecéis, empiecen
  querer   → quiera, quieras, quiera, queramos, queráis, quieran
  jugar   → juegue, juegues, juegue, juguemos, juguéis, jueguen
  volver   → vuelva, vuelvas, vuelva, volvamos, volváis, vuelvan
- *-ir* 動詞は直説法現在と異なる語幹になることに注意
  sentir   → sienta, sientas, sienta, sintamos sintáis, sientan
  dormir   → duerma, duermas, duerma, durmamos, durmáis, duerman
- 語幹が不規則な動詞
  estar(esté), ser(sea) , saber(sepa) 等の語幹が不規則な動詞も語尾は他の動詞と同じ。

V 接続法現在 3: 用法 Presente de subjuntivo: usos (III): Usos
→ Unidad 7 V, Unidad 9 I, Unidad 10 I, Unidad 11 III

1. esperar que + 接続法現在

「*esperar*+不定詞」は (自分が) 〜である/〜することを期待するの意味で *esperar* の主語と不定詞で表される行為の主語が同じ場合に使われる。*esperar* の主語と不定詞で表される行為の主語が異なり「A が〜である/〜することを B が期待する」の場合 「*esperar que* + 接続法」が使われる。
(Yo) espero poder ir a tu fiesta. 私は私が君のパーティに行けることを期待する。
(Yo) espero que Ana pueda ir a tu fiesta. 私はアナが君のパーティに行けることを期待する。

2. es mejor que + 接続法現在

「*es mejor* +不定詞」は 一般的な意味で「〜する方が良い」場合に使われる。「*es mejor que* + 接続法」は、より個別に「〜が〜する方が良い」と言う場合に使われる。*importante* 大切な *necesario* 必要なのような形容詞も *mejor* 同様に使われる。
Es mejor llevar vino. ワインを持って行った方が良い。
Es mejor que tú lleves vino. 君がワインを持って行った方が良い。
Es importante que hablemos con nuestros amigos. 友人達と話すことが私達には重要だ。
Es necesario que duermas mucho. 君はよく寝ることが必要だ。

Unidad 8. ¿Quieres venir a mi casa?

1 例のように直説法未来と過去未来の **yo** を主語とする活用形を書いてから、その動詞を使ってアドバイスをする文を書きなさい。**Fíjate en el ejemplo. Escribe la conjugación de futuro y condicional y escribe un consejo.**

例) regalarle una cartera: regalar, regalaré, regalaría
→ Yo que tú, le regalaría una cartera.

1. estudiar este fin de semana: estudiar, _____, _____
→ _____

2. hacer los deberes en la biblioteca: hacer, _____, _____
→ _____

3. no salir esta noche: salir, _____, _____
→ _____

4. levantarse a las seis: levantarse, _____, _____
→ _____

5. venir a la oficina pronto: venir, _____, _____
→ _____

2 me, te, le 及び gustar または deber を過去未来で使って文を完成させなさい。**Completa con _me_, _te_, _le_ y la forma correcta del condicional de los verbos _gustar_ o _debe_r.**

1. ___ _____ mucho ir a México, ¿a ti no?
2. Estudias muy poco, _____ estudiar más.
3. A mi padre ___ _____ estudiar español.
4. _____ hacer los deberes. Todavía no los habéis hecho.
5. ¿(A ti) ____ _____ venir a mi fiesta?

3 例のように返答を書きなさい。**Contesta como en el ejemplo.**

例) ¿Puedo regalarle este libro a Elisa?
→ Sí, regálale este libro a Elisa.   → Sí, regálaselo.

1. ¿Puedo ponerme esta chaqueta?
→ _____   → _____

2. ¿Puedo quitarme las gafas?
→ _____   → _____

3. ¿Puedo comprarle estos zapatos a Ana?
→ _____   → _____

4. ¿Te regalo este balón?
→ _____   → _____

5. ¿Te traigo una cerveza?
→ _____   → _____

4 例のように文を書きなさい。**Fíjate en el ejemplo y forma frases.**

例) Esta cartera es muy bonita.   → ¡Qué bonita es esta cartera!

1. Tus pantalones son muy modernos.   → _____
2. Los exámenes son muy difíciles.   → _____
3. La película es muy interesante.   → _____
4. Mis amigas están muy contentas.   → _____
5. Nosotros estamos muy cansados.   → _____

5 表を完成させなさい。 **Completa.**

	不定詞		直説法現在			接続法現在	
例)	sacar	yo →	saco	yo	→	saque	
1.	coger	yo →	cojo	usted	→	_____	
2.	pagar	yo →	_____	nosotros	→	paguemos	
3.	empezar	yo →	_____	vosotros	→	empecéis	
4.	_____	yo →	pienso	tú	→	_____	
5.	dormir	yo →	_____	ellos	→	_____	
6.	volver	yo →	_____	ellas	→	_____	
7.	_____	yo →	_____	yo	→	pueda	
8	ponerse	yo →	_____	tú	→	te pongas	
9.	_____			yo	→	sepa	
10.	ser			vosotros	→	_____	
11.	ir			ella	→	_____	
12.	estar			ustedes	→	_____	

6 正しい形を選びなさい。 **Selecciona la forma correcta.**

1. Espero que mis amigos _venir / vienen / vengan_ a la fiesta.
2. Es necesario que _llegar / llegamos / lleguemos_ antes de las ocho.
3. Es mejor que _estudiar / estudiáis / estudiéis_ un poco todos los días.
4. Es mejor _estudiar / estudiáis / estudiéis_ un poco todos los días.
5. El profesor _esperar / espera / espere_ que estudiemos más en casa.
6. Es importante que _hablar / hablas / hables_ mucho con tus amigos.
7. Mis padres _esperar / esperan / esperen_ que vengáis a casa.
8. Esperamos _poder / podemos / podamos_ ir a España en vacaciones.
9. Es importante _practicar / practicamos / practiquemos_ mucho fuera del aula.
10. Es necesario _hacer / hacemos / hagamos_ deporte todas las semanas.

7 esperar または **es mejor /importante / necesario** のいずれかを使って答えなさい。
Reacciona usando _esperar_ o _es mejor / importante / necesario_ y los verbos indicados.

1. A: La próxima semana tengo un examen muy importante.
   B: (tú, estudiar)
   → ¿Sí? _____
2. A: ¿Sabes? La próxima semana voy a viajar con mi familia a la montaña. ¡Vamos a estar una semana!
   B: (vosotros, pasarlo muy bien)
   → ¡Qué bien! _____
3. A: Oye, Sofía me ha invitado a una fiesta en su casa este sábado. ¿Tú también irás?
   B: (yo, poder ir)
   → Todavía no lo sé, pero _____
4. A: Mira, una familia española nos ha invitado a comer en su casa.
   B: (vosotros, llevar un regalo, como vino o dulces)
   → ¡Qué bien! _____

Unidad 9. Estudiar en el extranjero

I 接続法現在 4 用法 Presente de subjuntivo: usos (IV): Usos

→ Unidad 7 V, Unidad 8 V, Unidad 10 I, Unidad 11 III

1. no creer que + 接続法現在

> *creer que* は次に文を伴い「〜だと思う」の意味になる。肯定の *creer que* の後では直説法を使うが、否定の *no creer que* を使って「〜だと思わない」と言う場合は *que* の後の文では接続法が使われる。
>
> *Creo que muchas tiendas **abren** los domingos.* 日曜は多くの店は開いていると思う。
> *No creo que muchas tiendas **abran** los domingos.* 日曜は多くの店が開いていると思わない。
> *Hiroshi cree que los españoles **comen** a las dos.* 弘はスペイン人は2時に昼食をとると思う。
> *Aya no cree que los españoles **coman** a las dos.* 彩はスペイン人が2時に昼食をとると思わない。

2. no es verdad que + 接続法現在

> *Es verdad que*「〜は本当だ」は肯定では直説法、否定文では接続法が使われる。
>
> *Es verdad que las tiendas **abren** los domingos.* 日曜は店が開いているのは本当だ。
> *No es verdad que las tiendas **abran** los domingos.* 日曜は店が開いているのは本当ではない。

3．recomendar que + 接続法現在

> *recomendar*「〜を推薦する」は他動詞で「何を推薦するか」を表す直接目的語の他に「誰に推薦するか」を表す間接目的代名詞 (*me, te, le, nos, os, les*) を伴う。間接目的代名詞の表す内容を明確にする、強調する等の場合「*a*+人」を加えることができる。
>
> *Yo le recomiendo este libro a María.* 私はマリアにこの本を推薦する。
> *Mis amigos me han recomendado este restaurante.* 私は友人達にこのレストランを勧められた。

> *recomendar* の直接目的語、つまり推薦する内容は「〜すること」のような文で表すことができるが、この場合「*que* + 接続法」が使われる。しかしその主語は *me, te, le...*等で表されている人と同じため「*que* + 接続法」の代わりに不定詞を使うこともできる。「*que* + 接続法」と「不定詞」では意味の違いはない。
>
> *Yo le recomiendo a María leer (= que lea) este libro.*
> 私はマリアにこの本を読むことを推薦する。
> *El dependiente os recomienda pagar (= que paguéis) con tarjeta de crédito.*
> 店員は君達にクレジットカードで支払うことを勧める。

4. querer que + 接続法現在

> *querer* は次のような語句を直接目的語とすることができる。
> - 「*querer* + *a* + 人」〜を愛している　*Ana quiere a Blas.* アナはブラスを愛している。
> - 「*querer* + 人以外の名詞」〜が欲しい
>   *Blas quiere un ordenador nuevo.* ブラスは新しい PC が欲しい。
> - 「*querer* + 不定詞」(自分が) 〜したい *Ana quiere venir a Japón.* アナは日本に来たい。
> - 「*querer que* + 接続法」*querer* の主語と *que* 以下で表される文の主語が異なる場合、つまり「A は B に〜して欲しい」と言いたい時に使う。
>   *Mis amigos quieren que yo vaya a Toledo.*
>   友人達は私にトレドに行って欲しいと思っている。
>   *Mi padre quiere que mi hermano estudie más.*
>   父は弟にもっと勉強して欲しいと思っている。

5. gustar que + 接続法現在

> *gustar* は「〜が好き」と言う場合「それを好きだと思う人」は *me, te, le, nos, os, les* と
> いった間接目的代名詞と、意味を明確にしたりする場合に使われる「*a*+人」によって
> 表される。「何を好きだと思うか」は文の主語で次のような語句で表される。
> - 「*gustar* +名詞」〜が好きだ　*Me gusta la música.* 私は音楽が好きだ。
> - 「*gustar* + 不定詞」(自分が〜するのが)好きだ
>   *Me gusta escuchar música.* 私は音楽を聴くのが好きだ。
> - 「*gustar* + *que* + 接続法 」(他の人が〜するのが) 好きだ
>   *A mis amigos les gusta que yo salga a comer con ellos los domingos.*
>   私の友人達は私が日曜日に彼らと昼食に出かけるのが好きだ。
>   *A nosotros nos gusta que el profesor sea un poco estricto.*
>   私達は先生が少し厳しいのが好きだ。

II 命令 5　Imperativo (V)　→ Unidad 1 VI, Unidad 3 VI, Unidad 5 V, Unidad 8 II

肯定命令 Imperativo afirmativo

相手に何かをするように働きかける「命令」の形は相手が誰であるかによって異なる。
- 代名動詞の代名詞や、目的代名詞は動詞の後にペースを置かずに書かれる。
- 代名動詞の *vosotros* の命令では語尾の *d* は消える。
- 主語は動詞の後に置くことできる。

		hablar 話す	levantarse 起きる 代名動詞	decírselo 彼にそれを言う 目的代名詞を伴う
tú	命令形	habla	levántate	díselo
usted	接続法現在	hable	levántese	dígaselo
vosotros	命令形	hablad	levantaos	decídselo
ustedes	接続法現在	hablen	levántense	díganselo

否定命令　Imperativo negativo

すべての人称の否定命令は「普通の否定文の動詞を接続法現在にする」だけでよい。

		hablar	levantarse	decírselo
tú	接続法現在	no hables	no te levantes	no se lo digas
usted	接続法現在	no hable	no se levante	no se lo diga
vosotros	接続法現在	no habléis	no os levantéis	no se lo digáis
ustedes	接続法現在	no hablen	no se levanten	no se lo digan

Pague usted con tarjeta de crédito. クレジットカードで支払って下さい。

No os preocupéis. 君達心配しないで。

III　無人称の se　*Se impersonal*

> 動詞は普通主語によって活用するが、そうではない「無人称」の文がある。動詞を 3
> 人称単数に活用させ *se* を付けると「一般的に人は〜」の意味になる。
> *¿Cuánto se tarda de tu casa a la escuela?* 君の家から学校までどのくらいかかりますか。
> *¿Cuánto tardas de tu casa a la escuela?* 君は家から学校までどのくらいかかりますか。
> *¿Cuánto tarda tu hermano de tu casa a la escuela?* 君の弟は家から学校までどのくらいかかり
> ますか。

Unidad 9. Estudiar en el extranjero

1 例のように「～だと思わない」「～は本当ではない」という文に書き換えなさい。
Cambia las frases como en el ejemplo.

例) Yo creo que en España muchas tiendas abren los domingos.
→ Yo no creo que muchas tiendas abran los domingos.

1. Yo creo que en Tokio el metro funciona hasta muy tarde.
   → _____

2. Yo creo que los japoneses normalmente hacen sobremesa después de comer.
   → _____

3. Yo creo que muchos niños japoneses vuelven a casa para comer.
   → _____

4. Yo creo que a los japoneses les gusta ir de tapas.
   → _____

5. Es verdad que en Japón las familias tienen tres o cuatro hijos de media.
   → _____

6. Es verdad que todas las tiendas abren los domingos en España.
   → _____

2 例のように同じ意味の他の表現に書き換えなさい。 **Cambia las frases como en el ejemplo.**

例) Yo le recomiendo a Ana pagar en efectivo.
→ Yo le recomiendo que pague en efectivo.

1. El profesor me recomienda estudiar mucho.
   → _____

2. Te recomiendo cambiar el dinero en Japón.
   → _____

3. Os recomendamos ir a Buenos Aires.
   → _____

4. Les recomiendo a ustedes venir pronto.
   → _____

5. ¿Me recomendáis hacer este curso?
   → _____

3 例のように文を書きなさい。 **Forma frases como en el ejemplo.**

例) yo, querer: tú, ir a Madrid
→ Yo quiero que vayas a Madrid.

1. a mi padre, gustar: yo, estudiar en México
   → _____

2. mi amigo, querer: yo, salir con él esta noche
   → _____

3. a los japoneses, gustar: los extranjeros, visitar Japón
   → _____

4. mi familia, querer: nosotros, estudiar en el extranjero

    → _____

5. a nosotros, no gustar: no haber cafeterías en el campus

    → _____

4 動詞を選び直説法現在または接続法現在の適切な形を使って文を完成させなさい。**Elige el verbo adecuado y completa con la forma correcta del presente de indicativo o subjuntivo.**

1. Mis amigos _____ que yo _____ a Madrid. (ir, querer)
2. A mis amigos les _____ que yo_____ con ellos los domingos. (comer, gustar)
3. Nosotros _____ que mi padre _____ español. (querer, estudiar)
4. A mí me _____ los helados de chocolate. _____ que tú me _____ uno. (comprar, gustar, querer).
5. No _____ tener problemas. No me _____ que tú _____ conmigo durante los exámenes. (querer, hablar, gustar)

5 例のように肯定命令、否定命令の両方を書きなさい。**Fíjate en los ejemplos y completa con imperativo afirmativo y negativo.**

例) Usted se lava.　　　　→ Lávese.　　　　→ No se lave.
例) Tú te lavas.　　　　　→ Lávate.　　　　→ No te laves.

1. Ustedes se levantan.

    → _____　　→ _____
2. Tú te sientas.

    → _____　　→ _____
3. Vosotros os bañáis.

    → _____　　→ _____
4. Usted se sienta.

    → _____　　→ _____
5. Tú te acuestas.

    → _____　　→ _____

6 *creer, recomendar, gustar* y *querer* のいずれかの語を適切な形で使い、会話を完成させなさい。**Completa con los verbos *creer, recomendar, gustar* y *querer*.**

Miki: No me (1) _____ que los españoles coman y cenen tarde. Yo (2)_____ cenar pronto, como en Japón.

Diego: Yo no (3)_____ que los españoles cenen muy tarde, pero si quieres cenar pronto, te (4)_____ que cenes en casa. A mí no me (5)_____ que los japoneses trabajen tanto. No (6)_____ que sea bueno. Estoy buscando algún trabajo por horas, ¿qué me (7)_____?

Miki: Si no (8)_____ trabajar mucho, te (9)_____ que enseñes español en alguna escuela o en clases privadas en alguna cafetería, aunque no (10)_____ que sea fácil encontrar trabajo de profesor. Yo también (11)_____ trabajar en España.

Unidad 10. Cambios sociales en España e Hispanoamérica

I 接続法現在 5: 用法 Presente de subjuntivo: usos (V): Usos
→ Unidad 7 V, Unidad 8 V, Unidad 9 I, Unidad 11 III
1. para que + 接続法現在

前置詞は常に名詞、あるいは名詞の働きをする語句を伴って使われる語である。前置詞 *para* は次のような語句を伴って使われる。
- 「*para* + 名詞」 ～のために
  Este regalo es para María. このプレゼントはマリアのためだ。
- 「*para* + 不定詞」 自分自身が/ 一般的に ～するために(～する)
  Compro este libro para leerlo. 私は自分で読むためにこの本を買う。
  Hacemos los deberes para aprender. 私達は学ぶため宿題をする。
- 「*para que* + 接続法」A が～するために (B が～する)
  文の主語と *para que* の後の文の主語が異なる。
  Compro este libro para que lo leas tú. 私は君が読むようにこの本を買う。
  El profesor nos manda deberes para que estudiemos en casa.
  先生は私達が勉強するように宿題を出す。

2. aunque + 接続法現在

接続詞 *aunque* は常に「文」を伴って使われ「～だけれど」「たとえ～でも」のような意味になるが、 動詞が直説法か接続法かによって意味が異なることに注意する。
  aunque を含む節で 話し手が聞き手に新しい情報を伝えている場合   → 直説法
                          話し手が聞き手に新しい情報を伝えていない場合 → 接続法
例えば *hay clase el sábado*「土曜日に授業がある」では以下のようになる。
1. 話し手が土曜日に授業があるかどうか知らないので新しい情報を伝えられない
   → 接続法
   No puedo ir aunque haya clase el sábado. たとえ土曜日授業があっても行けない。
2. 話し手は土曜日に授業があることを知っていて聞き手もそれを知っているだろうと思う。相手も知っているので、新しい情報を伝えていない。→ 接続法
   No puedo ir aunque haya clase el sábado.
   (君も知っているように) 土曜日に授業があるのだが私は行けない。
3. 話し手は土曜日に授業があることを知っているが聞き手はそれを知らないだろうと思う、すなわち聞き手に新しい情報を伝えている。 → 直説法
   No puedo ir aunque hay clase el sábado. 土曜日に授業があるのだが私は行けない。

II 大きな数字 Números grandes

大きな数字は何百何十何といった 3 桁の数字のかたまりごとに考えると簡単である。132, 423, 561 は日本語や英語では 1, 000 や 1, 000, 000 の区切りにはカンマを付けるが、スペイン語では 132 423 561 のように間にスペースを置いて書かれる。スペースの代わりにピリオドが書かれる場合もある。小数点はカンマで表す、すなわち少数点を含む数字日本語の 2.6 はスペイン語では 2,6 と書く。

大きな数字の読み方
- まず 3 桁の数字をそのまま読み、スペースを左から順に *millones, mil* と読む。
  132 423 561
  *ciento treinta y dos **millones** cuatrocientos veintitrés **mil** quinientos sesenta y uno*
- *mil* の前の 3 桁の数字が 1 のみの時、 1000 は *mil* (*un mil* ではない) 。
  23 001 325 *veintitrés millones **mil** trescientos veinticinco*

- *millones* の前が 1 のみの時 *un millón* になる。
  1 234 352 *un **millón** doscientos treinta y cuatro mil trescientos cincuenta y dos*
- *mil* 及び *millones* の直前の数字が 1 の時 *un* と読む。
  21 231 541 *veintiún millones doscientos treinta y **un** mil quinientos cuarenta y uno*
- 数字の後に女性名詞が置かれたり、女性名詞で表されるものを数える時 10 万の位及び 100 の位は女性形になる。また 1 の位は *una* になる。
  423 561 *personas   cuatrocientas veintitrés mil quinientas sesenta y **una** personas*
- 100 万に端数がなく、次に名詞が来る場合 *de* を伴う。 *dos millones de personas*

III 派生語 Palabras derivadas

色々な派生語尾
- **-dad** : 英語は ty にあたる語が多い。
  unidad 単位 (*unir* いっしょにする)　*enfermedad* 病気 (*enfermo* 病気の、病人)
- **-ismo**: 英語では ism
  racismo 人種差別 (*raza* 人種)　　　　*budismo* 仏教 (*buda* 仏)
- **-ción** 英語では tion になる語が多い。
  información 情報 (*informar* 伝える) *emigración* 外に出ていく移住　(*emigrar* 移住する)

IV 関係詞 3: 直説法と接続法　Relativos (III): Indicativo y subjuntivo → Unidad 2 IV, Unidad 3 V

関係詞の使われている文では、関係詞の後の動詞の法によってニュアンスが異なる。関係詞は文によって名詞を修飾する、例えば「私が行きたい国」は「私が行きたい」という文によって「国」という名詞を修飾するために使われるが、例えばこの場合どの「国」を指すかが具体的に決まっていてそれを描写する場合は直説法、具体的に決まっておらず「そういった条件に合った国」のように言う場合は接続法が使われる。
関係詞 *donde* は場所を指す *en el (la, los, las) que* と同じ意味で使われる。
Este es el parque donde / en el que jugaba Juan con sus amigos.
ここがフアンが友人と遊んでいた公園だ。 (具体的な公園を指すので直説法)
Juan quiere estudiar en una escuela donde / en la que estudien niños de otros países.
フアンは外国の子供達がたくさん勉強している学校で勉強したい。 (条件に合う学校の意味で具体的には決まっていないので接続法)

V lo que+ 接続法
el (la, los, las) que +文

- *la revista que he comprado* 「私が買った雑誌」 の *revista* が状況等から判断できるため省略されたもの。 *Hay tres revistas aquí. La que he comprado es esta.* ここに雑誌が 3 冊ある。私が買ったのはこれだ。
- 省略されている名詞がない場合は人を指す。
  Mi hermano es el que está hablando con Paula. 私の弟はパウラと話している子だ。

lo que +文

「～のこと」の意味を表す。もしその内容を話し手が具体的に知っていれば直説法、知らない場合は接続法を用いる。
Te recomiendo que hagas lo que te dice el profesor.
先生が言うとおりにすることを勧めます。 (先生が何と言ったか知っている)
Te recomiendo que hagas lo que te diga el profesor.
先生が言うとおりにすることを勧めます。 (先生が何と言うかわからない)

Unidad 10. Cambios sociales en España e Hispanoamérica

1 例のように **2** つの文を **para** で結んで書きなさい。 **Cambia las frases como en el ejemplo.**

例) La universidad cambiará el horario. Los estudiantes tendrán más tiempo para comer.
→ La universidad cambiará el horario para que los estudiantes tengan más tiempo para comer.

1. Tenéis que hablar más alto. Todos os oirán.
→ _____

2. El gobierno prohibirá fumar en lugares públicos. La gente fumará menos.
→ _____

3. Vamos a trabajar menos horas. Estaremos más tiempo con la familia.
→ _____

4. Queremos ir a hablar con la profesora. Nos dirá los resultados del examen.
→ _____

5. Queremos viajar a países hispanohablantes. Aprenderemos mucho español.
→ _____

2 下から適切な表現を選んで入れ、会話を完成させなさい。 **Relaciona y completa.**

Hino: ¿Sabes, María? En Japón muchas mujeres, aunque _____,
reciben menos salario que los hombres. Y los trabajadores, aunque
_____, no pueden tomarlas.
María: Pues en España muchas mujeres, aunque _____, hacen casi
todas las tareas de la casa solas. Y muchos jóvenes, aunque _____,
no pueden encontrar un buen trabajo.

a) estudian un máster   b) trabajan
c) tienen muchas vacaciones   d) los hombres ayudan un poco

3 例のように「**aunque+接続法**」を使って文を作りなさい。 **Forma frases como en el ejemplo. Usa *aunque*+subjuntivo.**

例) En el futuro / yo, ganar mucho dinero / no vivir en el centro de la ciudad
→ En el futuro, aunque gane mucho dinero, no viviré en el centro de la ciudad.

1. Mañana / no haber clase / nosotros, venir a la universidad y estudiar en la biblioteca.
→ _____

2. En el futuro / mi novio y yo, tener un trabajo fijo / no comprar una casa.
→ _____

3. En el futuro / yo, tener familia / vivir unos años en un país extranjero.
→ _____

4. Este fin de semana / mis amigos, querer salir / yo, no salir de casa
→ _____

4 例のように会話を完成させなさい。 **Fíjate en el ejemplo y completa los diálogos.**

例) A: Tú eres de Madrid, ¿verdad? Imagino que has estado en Salamanca muchas veces.
B: Pues, aunque sea de Madrid, no he estado en Salamanca nunca.

1. A: Clara y tú sois muy amigas, ¿verdad? Imagino que conoces a su novio.
B: Bueno, _____, no conozco a su novio.

2.　A:　Kenji, _____ ¿verdad?
　　　　Imagino que_____
　　B:　Pues, aunque esté estudiando un máster de Literatura, no he leído *Don Quijote*.

5　例のように **que** または **donde** を使って文を書きなさい。**Completa como en el ejemplo. Usa *que* o *donde*.**

例)　Mi ciudad tiene tres museos importantes.
　　→ <u>Vivo en una ciudad que tiene tres museos importantes.</u>
1.　En mi escuela hay muchos niños extranjeros.
　　→ Estudio en una escuela _____
2.　Su casa tiene dos cuartos de baño.
　　→ Mi amigo vive en una casa _____

例)　En mi barrio no hay muchos parques.
　　→ <u>Quiero vivir en un barrio donde haya muchos parques.</u>
3.　Mi universidad no ofrece muchos programas de intercambio.
　　→ Me gustaría estudiar en una universidad _____
4.　En mi país no está prohibido fumar en lugares públicos.
　　→ Quiero vivir en un país _____

6　el que, la que, los que, las que, lo que のいずれかを入れて文を完成させなさい。**Completa con *el que*, *la que*, *los que*, *las que* o *lo que*.**

1.　A:　¿Esta es la página web que me recomendaste?
　　B:　No, _____ te recomendé está en español.
2.　A:　¿Lucas es aquel chico?
　　B:　Sí, es _____ está hablando con Clara.
3.　A:　¿Qué opinas sobre _____ ha dicho el profesor hoy?
　　B:　Yo no estoy de acuerdo.
4.　A:　Me encantan tus gafas nuevas.
　　B:　_____ tú llevas también son muy bonitas.
5.　A:　¿Qué me recomiendas que haga?
　　B:　_____ sea mejor para tu futuro.

7　数字の読み方を書きなさい。**Escribe los números en letras.**

1.　1000　　　　　　　_____
2.　151 492　　　　　_____
3.　1 000 000　　　　_____
4.　723 874 986　　　_____
　　　　　　　　　　　_____
5.　500 230 000　　　_____
6.　13 000 personas　_____ personas
7.　232 651 personas　_____
　　　　　　　　　　　_____ personas
8.　467 578 321 personas　_____
　　　　　　　　　　　_____ personas

Unidad 11. Deportes

I 直説法点過去: 活用　Pretérito perfecto simple de indicativo: conjugación
→ **Unidad 1 V, Unidad 2 III, Unidad 3 II, Unidad 4 III, Unidad 5 III**

entrar 入る　entré, entraste, entró, entramos, entrasteis, entraron	
nacer 生まれる nací, naciste... nacieron	vivir 住む　vivi, viviste ... vivieron
ir 行く, ser ～である　fui, fuiste, fue, fuimos, fuisteis, fueron	
tener 持つ　tuve, tuviste, ... tuvieron	poder できる　pude, pudiste, ... pudieron
decir 言う　dije, dijiste, ... **dijeron** (dijieron)	pedir 依頼する pedí, pediste, ... pidieron
dormir 寝る　dormí, dormiste, ... durmieron	sentir 感じる　sentí, sentiste, ... sintieron

II 接続法過去: 活用　Pretérito imperfecto de subjuntivo: conjugación

規則的に作れる活用
直説法点過去の活用形から規則的に接続法過去の活用を作ることができる。

- 直説法点過去の *ellos* を主語とする形の語尾の-ron を除いた形を語幹とし、それにすべての動詞で *ra, ras, ra, ramos, rais, ran* または *se, ses, se, semos, seis, sen* を付ける。-ra 形も-se 形も意味や用法に大きな違いはない。
- すべての活用形で強く発音される母音は *ra* の前の *a* (*se* の前の *e*) なので *nosotros* の活用形にアクセント記号が付く。

yo	hablara	nosotros / nosotras	habláramos
tú	hablaras	vosotros / vosotras	hablarais
usted, él / ella	hablara	ustedes, ellos / ellas	hablaran

lograr (lograron) 達成する　→ lograra...	cancelar 取り消す (cancelaron) → cancelara...
marcar (marcaron) 印を付ける→ marcara...	perder 負ける (perdieron)　→ perdiera...
empezar 始める (empezaron) → empezara...	acostarse 寝る (se acostaron)　→ me acostara...

直説法点過去の *ellos* を主語とする形 (カッコ内) が不規則な動詞の活用

ir, ser (fueron) → fuera, fueras, fuera, fuéramos, fuerais, fueran	
tener (tuvieron)　→ tuviera... tuvieran	poder (pudieron) → pudiera... pudieran
decir (dijeron)　→ dijera... dijeran	pedir (pidieron) → pidiera... pidieran
dormir (durmieron) → durmiera... durmieran	sentir (sintieron) → sintiera... sintieran

III 接続法現在 6: 用法　Presente de subjuntivo: usos (VI): Usos
→ **Unidad 7 V, Unidad 8 V, Unidad 9 I, Unidad 10 I**

1. sentir que + 接続法現在

sentir は「～を残念に思う」の意味で、次のような語句を伴う。
- 「*sentir*+ 名詞」*Siento las molestias.* ご迷惑をかけて残念だ (申し訳ない)。
- 「*sentir* + 不定詞」自分自身が～であることが残念だ
  Siento no poder practicar mucho. 私は自分がたくさん練習できないことが残念だ。
- 「*sentir que* + 接続法」A が～であることを B が残念だと思う
  Siento que no puedas practicar mucho. 私は君がたくさん練習できないことが残念だ。

2. alegrarse de que + 接続法現在

alegrarse de は「～を嬉しく思う」の意味で、次のような語句を伴う。
- 「*alegrarse de*+ 名詞」*Me alegro de su victoria.* 私は彼の勝利が嬉しい。
- 「*alegrarse de* + 不定詞」自分自身が～であることが嬉しい
  Me alegro de poder practicar mucho. 私は自分がたくさん練習できることが嬉しい。
- 「*alegrarse de que* + 接続法」A が～であることを B が嬉しく思う
  Me alegro de que tú puedas practicar mucho. 私は君がたくさん練習できることが嬉しい。

3. es + 形容詞 +接続法現在　¡Qué bien que…!

次のような表現では *que* の後の文では接続法が使われる。

Es mejor que…より良い	Es importante que 大切だ
Es necesario que 必要だ	Es impresionante que 印象的だ
Es increíble que 信じられない	Es extraordinario que 素晴らしい
Es normal que 当然だ	
¡Qué bien que…とても良い	¡Qué mal que…とても悪い

Es importante que estudies. 君が勉強するのが大切だ。

Es normal que Javier gane una medalla. Es el mejor.
ハビエルがメダルをとるのは当然だ。彼が最高だから。

●　*que* を使わない場合は不定詞をとる。

Es mejor levantarse temprano. 朝早く起きる方が良い。

IV　接続法現在と過去　**Presente y pretérito imperfecto de subjuntivo**

これまで見てきた文は、「～であること (現在) が残念だ (現在)」 のように「～であること」と「残念だ」が同じ時点の場合に使われる表現である。「～であったこと (過去) が残念だ(現在)」 のように過去の事柄について今どう思うか、どう感じるか等を述べる場合は 次の構文になる。

●　現在の時「*que* +接続法現在」 を使う場合 → 「*que* +接続法過去」

Siento que no puedas practicar mucho. 私は君がたくさん練習できないことが残念だ。

→ *Siento que no pudieras practicar mucho.* 私は君がたくさん練習できなかったことが残念だ。

¡Qué bien que puedas practicar mucho! 君がたくさん練習できるのは良いなあ！

→ *¡Qué bien que pudieras practicar mucho!* 君がたくさん練習できたのは良かったなあ！

Es necesario que Japón gane una medalla. 日本はメダルを取ることが必要だ。

→ *Es increíble que Japón ganara una medalla.* 日本がメダルを取ったのは信じられない。

No creo que el béisbol sea un deporte popular en España ahora.
スペインで今野球が人気のあるスポーツだとは私には思えない。

→ *No creo que el béisbol fuera un deporte popular en España hace veinte años.*
スペインで 20 年前野球が人気のあるスポーツだったとは私には思えない。

●　現在の時「+不定詞」 を使う場合 → 「*haber*+過去分詞」

Siento no poder practicar mucho. 私はたくさん練習できないのが残念だ。

→ *Siento no haber podido practicar mucho.* 私はたくさん練習できなかったのが残念だ。

Me alegro de poder practicar mucho. 私はたくさん練習できるのが嬉しい。

→ *Me alegro de haber podido practicar mucho.* 私はたくさん練習できたのが嬉しい。

V 条件節 2　**Oraciones condicionales (II) → Unidad 7 III**

事実に反していたり、可能性が非常に低い仮定を表す場合「*si* + 接続法過去」 を使う。「もし～だったら～なのに」 の「～なのに」 という帰結文は過去未来を使う。

No tengo dinero, pero si tuviera un millón de yenes, pondría todo el dinero en un banco.
本当はお金はないけれど、もし私が 100 万円持っていたら全部銀行に預けるだろう。

Si practicara todos los días, ganaría una medalla.
(毎日練習できないが) もし毎日練習出来たらメダルを取るだろう。

Si lloviera mañana, cancelarían el partido. Pero no creo que llueva mañana.
もし明日雨が降ったら試合はキャンセルされるだろう。でも雨が降るとは思わない。

Unidad 11. Deportes

1 表を完成させなさい。 **Completa.**

	不定詞	点過去			接続法過去		
例)	correr	ellos	→	corrieron	yo	→	corriera
1.	asistir	ellos	→	_____	nosotros	→	_____
2.	ganar	ellos	→	_____	usted	→	_____
3.	lograr	ellos	→	_____	vosotros	→	_____
4.	perder	ellos	→	_____	tú	→	_____
5.	tener	ellos	→	_____	yo	→	_____
6.	poder	ellos	→	_____	nosotros	→	_____
7.	hacer	ellos	→	_____	ustedes	→	_____
8.	venir	ellos	→	_____	ella	→	_____
9.	ir	ellos	→	_____	nosotros	→	_____
10.	decir	ellos	→	_____	tú	→	_____
11.	sentir	ellos	→	_____	vosotros	→	_____
12	estar	ellos	→	_____	usted	→	_____

2 まず文を読み動詞に下線を引きその時制を書きなさい。次に例のように **no es verdad** または **no creo que** を使って文を書きその時制も書きなさい。 **Lee las frases, marca el verbo y completa como en los ejemplos. Usa** *no es verdad* **y** *no creo que*.

例) El deporte más popular en España <u>es</u> el tenis.　　　　直説法現在
→ No creo que el deporte más popular en España <u>sea</u> el tenis.　接続法現在

例) Mao Asada <u>ganó</u> el campeonato del mundo cinco veces.　　直説法点過去
→ No es verdad que <u>ganara</u> el campeonato del mundo cinco veces.　接続法過去

1. Los Juegos Olímpicos de Barcelona se celebraron en 1995.　　　_____
→ _____　_____

2. El Estadio Santiago Bernabéu está en Buenos Aires.　　　　　　_____
→ _____　_____

3. La tenista Naomi Osaka nació en Florida.　　　　　　　　　　_____
→ _____　_____

4. Los partidos de fútbol duran sesenta minutos.　　　　　　　　_____
→ _____　_____

5. El taekwondo empezó en Tailandia.　　　　　　　　　　　　　_____
→ _____　_____

3 sentir や alegrarse de を使って文を完成させなさい。 **Completa con** *sentir* **o** *alegrarse de*.

例) Yo no puedo participar en la competición.
→ Siento no poder participar en la competición.

1. Yo no puedo participar en la competición.
→ Mi familia siente mucho _____

2. Tenemos entradas para el partido de fútbol.
→ Nos alegramos de _____

3. Esta semana podemos entrenar todos los días.
   → El entrenador se alegra de_____

例) Lucía no ganó el campeonato universitario.
   → Lucía siente mucho no haber ganado el campeonato universitario.
4. Lucía no ganó el campeonato universitario.
   → Siento mucho _____
5. Perdí la competición porque estaba enfermo.
   → Siento mucho _____
6. Logré un récord nacional.
   → Me alegro de _____
7. Logré un récord nacional.
   → Mis amigos se alegran de _____

4 会話を完成させなさい。 **Completa estas conversaciones.**
1. A: ¿Sabes? ¡Mi equipo ganó la competición universitaria!
   B: ¡Qué bien! Me alegro de que _____
2. A: ¿Sabes? Mi tenista favorito finalmente no puede participar en los Juegos Olímpicos.
   B: B: ¡Qué pena! Siento que _____
3. A: ¿Sabes? _____
   B: ¡Qué bien! Me alegro mucho de que ahora puedas entrenar todos los días.

5 枠内から意見を表す表現と動詞を選び、動詞を接続法現在、接続法過去のいずれかに活用させて文を完成させなさい。 **Completa las opiniones con una expresión y el verbo en presente o pretérito imperfecto de subjuntivo.**
1. Es _____ que en el torneo del mes pasado nuestro amigo .... un récord nacional.
2. Es _____ que un jugador profesional ....todos los días.
3. ¡Qué _____ que el equipo nacional japonés .... el partido contra Bélgica en 2018!
4. Es _____ que, en 2013, Yuichiro Mura .... al monte Everest con 80 años.

Opinión →	normal	extraordinario	mal	impresionante
Verbos →	entrenar	lograr	subir	perder

6 動詞を選んで適切な時制で使い、文章を完成させなさい。 **Completa con los verbos indicados. Los verbos no están en orden.**
1. salir, dejar, tener (3), aprender,
   Si tuviera un millón de yenes, dejaría mi trabajo por horas en el restaurante y _____ más tiempo para hacer lo que me gusta. Por ejemplo, si _____ más tiempo, _____ más con mis amigos y _____ a pintar.
2. correr, entrenar (2), sacar, estudiar
   Me gusta el atletismo, pero no entreno mucho. Si entrenara todos los días, _____ en el próximo maratón que se celebrará en Tokio. Pero si _____ todos los días, no _____ mucho y _____ malas notas.

Unidad 12. Terminamos el curso

I 形容詞　Adjetivos

> **形容詞の役割**
> 形容詞及び形容詞的に働く「*de + 名詞*」は文中で次のように機能する。
> 1. 主に名詞の後に置かれ名詞を修飾する。
> 2. 動詞 *ser, estar* の属詞として使われる。「*ser*+形容詞」は、物等の性質、人の容姿や性格等を表し「*estar*+ 形容詞」は状態を表す。*Este libro es rojo.* この本は赤い。*María está cansada.* マリアは疲れている。*Este teléfono es de Ana.* この電話はアナの物だ。
> 3. *el libro rojo* のように形容詞が名詞を修飾し定冠詞を伴う場合、名詞が状況によって何であるかわかっている時定冠詞を残して名詞を省略し「定冠詞+形容詞」「定冠詞+de+名詞」の形で使うことができる。
> *Hay dos libros.* **El rojo** *es de español.* 2 冊本がある。赤いのはスペイン語の本だ。
> *Hoy tengo tres clases. Me gusta* **la de economía**. 今日は 3 つ授業がある。経済の授業が好きだ。

II 所有詞強形　Posesivos tónicos

男性単数	女性単数	男性複数	女性複数	和訳
mío	mía	míos	mías	私の
tuyo	tuya	tuyos	tuyas	君の
suyo	suya	suyos	suyas	彼の・彼女の・あなたの・その
vuestro	vuestra	vuestros	vuestras	私達の
nuestro	nuestra	nuestros	nuestras	君達の
suyo	suya	suyos	suyas	彼らの・彼女らの・あなた方の・それらの

所有詞強形は普通の形容詞とほとんど同じように使われる。
1. 名詞の後に置かれ名詞を修飾する。*un amigo mío* 私の友人の 1 人
2. 動詞 *ser* の属詞として使われ所有者を表す。(*estar* の属詞にはならない)
   ¿De quién es este libro? -Es mío. 「この本は誰のですか」「私のです」
   Aquella casa es nuestra. あの家は私達のものだ。
3. *el libro mío* のように名詞を修飾し定冠詞を伴う場合、名詞が状況によって何であるかわかっている時定冠詞を残して名詞を省略することができる。「定冠詞+所有詞強形」は、名詞の役割をするので、文の主語や目的語等になることができる。
   Hay dos libros aquí. El mío es el de español. ここに本が 2 冊ある。私のはスペイン語の本だ。

III 名詞の補語と不定語　Complementos del sustantivo e indefinidos

次の語は名詞の前に置かれる。また 指示する名詞が文脈等から分かっている場合は、名詞を省略し代名詞として使うこともできる。( )は代名詞として使われた場合の形

男性単数	女性単数	男性複数	女性複数	和訳
este	esta	estos	estas	この / これ
ese	esa	esos	esas	その / それ
aquel	aquella	aquellos	aquellas	あの / あれ
mucho	mucha	muchos	muchas	多数 / 多量の
otro	otra	otros	otras	他の
cualquier (cualquiera)				何でもよい
algún (alguno)	alguna	algunos	algunas	なんらか / いくつかの
ningún (ninguno)	ninguna			何もない

Tengo algunos amigos en España. 私はスペインに何人かの友人がいる。

¿Hay naranjas? -Sí, hay algunas. 「オレンジがありますか」「はい、いくつかあります」

No hay ningún estudiante en el aula. クラスに学生は一人もいない。

Puede entrar cualquier estudiante. 学生は誰でも入ることができる。

- *algún / alguna* +名詞+ *que...* の構文では、具体的に指しているものが分かっている時には直説法、そうでないときには接続法を使う。
  ¿Tienes algún amigo que viva en España? -Sí, tengo un amigo que vive en España. 「スペインに住んでいる友達がいますか」「はい、スペインに住んでいる友達が一人います」
- *ningún / ninguna* +名詞+ *que...* の構文では必ず接続法を使う。
  No tengo ningún amigo que viva en España. スペインに住んでいる友達は一人もいない。

IV algo, alguien, nada, nadie

algo, alguien は「何か」「誰か」の意味の代名詞。*nada, nadie* は否定文で使われ「何もない」「誰もない」の意味になる。

¿Hay alguien en clase? -No, no hay nadie. 「クラスに誰かいますか」「いいえ、誰もいません」

¿Hay algún estudiante coreano en clase? -No, no hay ninguno. Solo hay estudiantes japoneses. 「クラスに韓国人学生が誰かいますか」「いいえ、いません。日本人学生しかいません」

¿Hay algo en la nevera? -No, no nada. 「冷蔵庫に何かありますか」「いいえ、何もありません」

¿Hay alguna bebida en la nevera? -No, no hay ninguna. Pero hay frutas.
「冷蔵庫に何か飲み物がありますか」「いいえ、ありません。でも果物はあります」

V 形容詞、動詞、名詞の修飾語 Cuantificadores

muy mucho	形容詞の修飾 *muy*、動詞の修飾 *mucho*、名詞の修飾 *mucho/a(s)*. ・*Es muy caro.* とても高い。(形容詞修飾) ・*Ellas trabajan mucho.* 彼女らはたくさん働く。(動詞修飾) ・*Hay muchas naranjas.* オレンジがたくさんある。(名詞修飾)
poco	足りないの意味合いのある「少し」。形容詞はよい意味を持つ語に限る ・*Es poco agradable.* あまり感じが良くない。(形容詞修飾) ・*Llueve poco.* 雨が少ししか降らない。(動詞修飾) ・*Hay pocas mesas.* 机が少ししかない。(名詞修飾)
un poco un poco de	「少し」であるが足りないわけではない時に使う。形容詞では悪い意味を持つ語に限る。単数名詞の前では *un poco de* になる。 ・*Es un poco tonto.* 少しおバカさんだ。(形容詞修飾) ・*Llueve un poco.* 雨が少し降る。(動詞修飾) ・*Hay unas pocas mesas.* 机が少しある。*Hay un poco de agua.* 水が少しある。(名詞修飾)
más menos	*muy* や *mucho* の代わりに使われ「もっと〜」「より少なく〜」の意味。比較の対象は *que* を使って表す。 ・*Este es más caro que aquel.* これはあれよりももっと高い。(形容詞修飾) ・*He trabajado más que tú.* 僕は君よりもたくさん働いた。(動詞修飾) ・*Quiero más vino.* ワインがもっと欲しい。(名詞修飾)
tan tanto	*muy* の代わりに *tan, mucho* の代わりに *tanto* を使うと「同じぐらい〜」の意味。比較の対象は *como* を使って表す。 ・*Este es tan bonito como aquel.* これはあれと同じぐらい美しい(形容詞修飾) ・*No me gusta tanto.* それほど好きじゃない。(動詞修飾) ・*Hoy no hay tanta gente como ayer.* 今日は昨日ほど人がいない。(名詞修飾)

VI 接辞 ísimo Sufijo ísimo

形容詞や一部の副詞に *ísimo/a (s)* を付けると「大変〜な」という強調した形になる。
- 母音で終わる語は最後の母音 を省略：*bueno → buenísimo, mucho → muchísimo, grande → grandísimo, rico → riquísimo , poco → poquísimo, cerca → cerquísima* (副詞)
- 子音で終わる語はそのまま *ísimo* を付ける: *difícil → dificilísimo, fácil → facilísimo*

Unidad 12. Terminamos el curso

1 太字の部分を名詞を省略した言い方に直しなさい。次に書き直す前の文章と、名詞を省略して書き直した文章の両方を声を出して読みなさい。どちらの方が良いですか。
Reescribe las estructuras marcadas omitiendo el sustantivo. Lee en voz alta las dos versiones. ¿Cuál te gusta más?

例) Aquí hay dos camisetas. **La camiseta roja** (La roja) es más grande que **la camiseta negra** (la negra).

1. Este año tengo dos clases de español a la semana. En **la clase de gramática**
(_____) nosotros hemos aprendido muchísimo. Y en **la clase de conversación** (_____) hemos practicado con los compañeros en español todas las semanas.

2. En España, la mayoría de las universidades son públicas y **las universidades privadas**
(_____) son más caras. ¿Y en Japón? ¿En cuáles es más difícil entrar: en **las universidades públicas** (_____) o en **las universidades privadas**
(_____)?

2 所有詞強形を入れて完成させなさい。 **Completa con el posesivo.**

1. A: ¿De quién son estos libros?
   B: Son (nosotros) _____.
2. A: ¿Son (tu) _____ estas gafas?
   B: No, no son (yo) _____. Son (ella) _____.
3. A: ¿Este móvil es de Daisuke?
   B: No, no es (él) _____. Es (yo) _____.
4. A: Aquí hay varias chaquetas. ¿Son (vosotros) _____?
   B: Sí, son (nosotros) _____.

3 所有詞強形と冠詞を入れて会話を完成させなさい。 **Completa con el posesivo y el artículo.**

1. A: En nuestra clase practicamos y aprendemos mucho. ¿Y en _____?
   B: En _____ también aprendemos mucho, por supuesto.
2. A: En el barrio donde vivo antes había bastantes librerías, pero ahora no hay ninguna.
   B: A mí me encanta _____ porque hay muchas tiendas, y también algunas librerías.
3. A: Mi tableta ya es un poco vieja. Creo que tengo que comprar una nueva, como la de Hiro.
   B: Sí, creo que _____ no es muy cara.
4. A: La competición fue emocionante para nosotros. ¡Nuestro equipo ganó la final!
   B: Nosotros no creemos que fuera muy emocionante. _____ perdió el primer partido.

4 ( )の語を正しい形にして文を完成させなさい。 **Completa con la forma correcta.**

1. _____ (este) son los tomates que he comprado hoy. _____ (ese) son los de ayer.
2. A: Tus padres viajan _____ (mucho), ¿verdad?
   B: Sí, este año han visitado _____ (mucho) países. Les gustaron _____ (mucho).
3. No me gustan _____ (este) manzanas. ¿Me da _____ (otro), por favor?
4. _____ (ese) papel está bien. _____ (cualquier) papel me sirve.
5. Aquí hay _____ (un poco) sillas.

50

6. A: ¿Tienes _____ (alguno) amigo que viva en Colombia?

B: No, no tengo _____ (ninguno), pero tengo _____ (alguno) amigas en Perú.

5 枠内の動詞を直説法または接続法で使って文を完成させなさい。**Completa con los verbos en indicativo o subjuntivo.**

ser (2)	explicar	poder	entender	hablar (2)

1. A: ¿Hay algo que _____ más importante que el amor?

B: Hay algunas cosas que también _____ importantes. La salud, por ejemplo.

2. A: ¿Conoces algún libro con el que (yo) _____ aprender español sin practicar?

B: B: Ninguno. Eso es imposible.

3. A: No conozco a nadie que _____ tan bien como nuestro profesor.

B: Es verdad. En sus clases no hay ningún estudiante que no _____ las explicaciones.

4. A: ¿Tienes algún amigo que _____ más de tres lenguas?

B: Yo no, pero mi novia tiene algunas amigas que _____ cuatro o cinco, incluido el español.

6 正しい形を選びなさい。**Selecciona la forma correcta.**

1. Mi amiga ha visto *muchas / pocas* películas españolas. Yo no he visto *tan / tantas*.
2. Este año tú no has asistido a clase *menos / muchas* veces. Yo he estudiado *más / tanto* que tú.
3. Este ejercicio es *un poco / poco* difícil. Solamente entiendo *un poco / poco*.
4. Yo no creo que el profesor mande *menos / tantos* deberes. Además, son necesarios para aprender.
5. Este semestre he tenido *muchas / muy* clases a la semana, pero el próximo curso no tendré *tan / tantas*.
6. Si tuviera *un poco de / un poco* tiempo libre, haría *más / tan* cosas que me gustan.

7 例のように、肯定の場合は *ísimo*、否定の場合は *no, tan...* を使って 2 通りで答えなさい。**Completa como en el ejemplo.**

例) A: Esta tarta está muy buena, ¿verdad?

B: Sí, está buenísima.

B: No, no está tan buena.

1. A: La película fue muy divertida, ¿no?

B: Sí, _____

B: No, no _____

2. A: ¿Este año has estudiado mucho?

B: Sí, _____

B: No, no _____

3. A: ¿Fue muy largo el último examen?

B: Sí, _____

B: No, no _____

4. A: ¿Hay muchos estudiantes extranjeros en tu universidad?

B: Sí, _____

B: No, no _____

いいね！スペイン語 2

第 2 版

別冊学生用練習帳（非売品）

©2024 年 1 月 30 日　初版　発行

著　者　　　フアン・カルロス・モヤノ・ロペス
　　　　　カルロス・ガルシア・ルイス・カスティージョ
　　　　　　　　廣康好美
発行者　　　小川洋一郎

発行所　　　　　　　　朝日出版社
　　〒101－0065東京都千代田区西神田3－3－5
　　　　　　　　電話03（3239）0271
　　　　　　　　FAX03（3239）0479
　　　　　　振替口座00140－2－46008
　　　　http://text.asahipress.com/spanish/

印刷・製本　　　　　　錦明印刷(株)